JN094110

テーマ 01
テーマ 02
テーマ 03
テーマ 04
テーマ 05
テーマ 06
テーマ 09
テーマ 10

テーマ 06
テーマ 07
テーマ 08
テーマ 09
テーマ 10

テーマ 11
テーマ 12
テーマ 13
テーマ 14
テーマ 15

テーマ 16
テーマ 17

社会科授業に SDGs 挿入ネタ65

大阪教育大学教授
峯 明秀
Mine Akihide

四天王寺大学助教
西口卓磨
Nishiguchi Takuma

編著

☀ 学芸みらい社

まえがき

　持続可能な開発目標SDGs（エス・ディー・ジーズ）の合言葉が浸透してきています。2030年ゴールとして「1．貧困をなくそう」「2．飢餓をゼロに」「3．すべての人に健康と福祉を」……の17目標と、169の具体目標からなっています。目標4は「質の高い教育をみんなに、すべての課題解決の為に」が掲げられ、「すべての子どもが男女の区別なく、適切かつ効果的な学習成果をもたらす、無償かつ公正で質の高い初等教育及び中等教育を修了できるようにする」など10ターゲットが示されています。

　残すところ、8年で目標を達成するためには、今何をどのようにすればよいのでしょうか。それはSDGsを身近に分かりやすく学ぶことを早急に進めることです。それが本書のねらいです。他方、社会科学習は単なるスローガンでなく、社会の事実を冷静に見つめ、考える力を育てる役目があります。例えば、2019年のベストセラー『FACTFULNESS』には、次の質問が投げかけられています。問1「現在、低所得国に暮らす女子の何割が初等教育を修了するでしょう？ A20%　B40%　C60%」、問2「世界の人口のうち、極度の貧困にある人の割合は、過去20年でどう変わったでしょう？ A約2倍になった　Bあまり変わっていない　C半分になった」、問3「世界中の1歳児の中で、なんらかの病気に対して予防接種を受けている子どもはどのくらいいるでしょう？ A20%　B50%　C80%」[1]。さて、あなたが自信をもって答えられた問いはいくつあったでしょうか。また、平均所得と平均寿命との関係を示す図が示しているように、日本や欧米諸国は所得が高く、寿命が長い最も裕福な国であることを皆さんは知っています。所得と寿命は比例関係にあり、所得が低ければ寿命が短くなるという解釈から、相対的に所得の低い国は不幸という結論を導くかもしれません。しかし、それら国々に住む人々は昔と比べて、十分満足する状況にあるかもしれません。つまり、データは説明者の意図によって、どのように解釈するのかが問われることになります。

　少し回り道をした説明になりました。持続可能な社会の発展のためにという地球上のだれもが賛成する目標は、一体だれに、どのように向けられているの

かを冷静に見つめることが必要なのではないか、ということです。私たちの思考や態度には、陥りやすい誤りがいくつもあります。例えば、「先進国と開発途上国は分断されている」という捉え方（実際には大半の人々は真ん中あたりにいる）や、良いニュースと悪いニュースでは悪いニュースが広まりやすいという考え方、問題が起こると犯人探しをするという癖（誰かを責めても決して問題は解決しない）、問題を過大評価し、誇張し、単純化してとらえる癖などがあります。私たちは、これらの身のまわりにありそうな過ちに気が付けるでしょうか。大切なことは、本当の知識を知り、広め、世界や社会の見方を変えることではないでしょうか。

　本書は、このようなことを考え、SDGsを取り入れた社会科学習をする上で、話題のトピックを取り入れるだけでなく、これまで扱ってきた内容も深堀りすることで新たに見えてくる教材のヒントを所収することにしました。

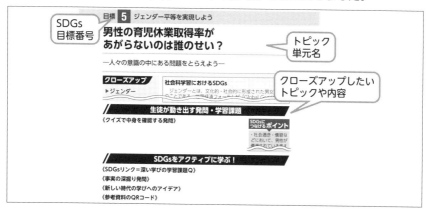

　クイズで中身を確認する問題から深い学びにつながる学習課題、SDGsをもっと知りたいと思える発問を中心に、新しい学びの創出に活用していただければ幸いです。

　令和３年12月

峯　明秀

1）著者ハンス・ロリングスは、「思い込みを乗り越え、データを基に世界を正しく見る習慣」を読者に投げかけています。（問１Ｃ、問２Ｃ、問３Ｃ）

目　次

第1部 地理単元にリンクする SDGs教材

第1章 「地域」の学習にリンク

第2章 「日本」の学習にリンク

第3章 「世界」の学習にリンク

第2部 歴史単元にリンクする SDGs教材

第1章 「古代・中世・近世」の学習にリンク

第2章 「近代・現代」の学習にリンク

第3部 公民単元にリンクするSDGs教材

第1章 「産業」の学習にリンク

第4章 「国際社会」の学習にリンク

地理単元にリンクする SDGs教材

第**1**章 「地域」の学習にリンク

第**2**章 「日本」の学習にリンク

第**3**章 「世界」の学習にリンク

目標 **8**　働きがいも経済成長も

どうしてほとんど見ない 桑畑の地図記号があるの？

―産業構造の変化を通して、資質・能力やマインドの変化を―

クローズアップ

▶ 地図記号
▶ 産業構造の変化
▶ 働きがい

社会科学習におけるSDGs

　地図記号は、新しく追加されたり、反対に使われなくなったりする。前者の例として、2002年に図書館と博物館、2006年に風車と老人ホーム、2019年に自然災害伝承碑が追加された。後者の例として、1986年に塩田が使われなくなった。それは、社会が変わり、屋外で、それも広大な土地を使って製塩する必要がなくなったためである。

　一方で、現在ではほとんど見られない名称が、地図記号として残っているものもある。その代表が桑畑である（縮尺によっては既に廃止されている）。これは、地図記号が作成されたのが、明治期であることに起因する。例えば、養蚕業がさかんであった長野県松本市における明治後期の地図を見ると、松本城の南東には桑畑の地図記号が一面に広がっていることがわかる。そして、明治・大正→昭和→平成と時代が経るにつれ、見事に縮小・消滅していく様が分かる。

　地図記号から、日本の産業構造の変化、延いては社会の変化を見ることができる。この切り口から、社会から求められる人物像の推移や、働きがいを考えさせたい。

子どもが動き出す発問・学習課題

《クイズで中身を確認する発問》

Q:この地図記号は何でしょう。そしてそれは、現実で見たことはありますか。

Q:（桑畑の地図記号を示し）これを見たことはありますか？ 見たことがない人は、「桑畑」を画像検索しましょう。

Q:近くに桑畑がないのは、あなたたちが住んでいるところだけなのでしょうか。「今昔マップ」を使って、自宅周辺や、過去に桑畑があるか探してみましょう。

Q:桑は、何のために栽培されてきたのでしょうか。

A:桑の葉は蚕の餌であり、蚕の繭から生糸（絹）をとる養蚕業のために栽培されていた。

SDGsにつなげる**ポイント**

・最初は学校・交番・図書館といった、現実でも子どもが見たことがある地図記号を示したい。

・「今昔マップ」は、右ページのQRコードで示している。

・長野県松本市にある松本城の南東には、明治期には桑畑が広がっていることをつかませることができるため、紹介したい。

SDGsをアクティブに学ぶ!

《SDGsリンク＝深い学びの学習課題Q》

Q:養蚕業がさかんだった頃と比べて、令和の現在はどのような人物が求められるのだろう。

Q:働きがいとはどういうことか、考えてみよう。

Q:目標を立ててそれを達成できるように努力したり、他の人から感謝の気持ちを伝えられたりした経験について、紹介し合いましょう。

《事実の深掘り発問》

Q:生糸（絹）の輸出量の推移はどうなっているだろう。

Q:どうして日本では養蚕業が衰退したのでしょう。

Q:養蚕業に代わって、現在の日本でさかんな産業は何でしょう。

Q:近年、自動車が輸出額1位なのはどうしてでしょう。

Q:日本は、どんなものを多く輸入しているでしょう。

《新しい時代の学びへのアイデア》

　1人1台端末環境にあると考えられるため、教師が制限をかけることなく「今昔マップ」を自由に操作させ、桑畑の推移に気づかせたい。また、新しい／使われなくなった地図記号も調べさせたい。

《参考資料のQRコード》

●時系列地形図閲覧サイト「今昔マップ on the web」

　地理院地図の同一地点における今昔を、左右に並べて比較して閲覧することができる。場所にもよるが、古いものは明治期の地図も見ることができる。

（山方　貴順）

SDGsにつなげるポイント

・産業構造の変化と、資質・能力やマインドの変化は、密接な関係にある。他人から指示を受けて行動するのではなく、自分で目標を設定して、それを達成できるよう努力することの重要性を考えさせたい。また、このことが働きがいにつながると考えられる。

・生糸（絹）は、明治・大正期は輸出額トップであり続けた。しかし1980年以降は輸出されていない。一方近年は、輸出トップが自動車産業であり、輸入のトップは原油および粗油である。近年は、両者とも、2位にダブルスコアの差をつけている。日本の産業構造の変化は、ここからも分かる。

目標 **12** つくる責任・つかう責任

なぜ、地域野菜のコーナーを入り口付近に置くの？

―流通と利益の仕組みを理解し、
　　　　安全な商品を責任をもって選択できる力をつけよう―

クローズアップ

▶食品ロス・輸送コスト

▶食生活・消費費生活
　の見直し

▶地産地消

社会科学習におけるSDGs

　SDGsジャーナルによると、現在、日本国内では年間646万トンもの食品ロスがあり、国連世界食糧計画（WFP）が1年間で世界中に行っている食糧援助量の2倍に達している。家庭の廃棄量が4割を超えており、一人ひとりの食生活や消費生活の見直しが迫られている。また、2050年には人口が96億人となり、食料需要量が69億トンに達するとされ、この時には、現在の2.5倍にもなる20億人の人たちが飢餓に苦しむと予測されている。今後、持続可能な生産と消費のためには、大量生産による化石燃料・天然資源の使用や大量消費に伴う大量廃棄を減らす必要がある。そのためには、食品ロスが多く、輸送コストが極めて高い我が国の食品流通市場を改善し、輸送の省エネ化を進める必要がある。小学校3年生の社会科で生産と販売の学習を関連させて地産地消の取り組みを取り上げると、持続可能な消費生産形態を確保する必要性を捉えることができる。できるだけ地元産の食材を消費して食品ロス・輸送コストを減らし、地域の持続可能な消費生産形態の確保を進める意味を考える機会としたい。

子どもが動き出す発問・学習課題

《クイズで中身を確認する発問》

Q：スーパーマーケットに並ぶ「一般的な野菜」「有機野菜」
　「地域野菜」はそれぞれどんな特徴があるのだろうか。

「一般的な野菜」…生産者から農協、卸売り市場、買受人、販売店の保存庫を経由して販売店まで届けられる。消費者は生産者と販売者の利益に加え、輸送コストも支払う。

「有機野菜」…指定の農薬や化学肥料を使用しない、遺伝子組み換え野菜ではない等、農林水産省の定める有機JAS規格の条件を満たしたもの。

「地域野菜」…地域の生産者が販売店と直接取引をして陳列した野菜。農家が店舗に直接持参する場合もある。

SDGsにつなげる**ポイント**

・消費者の商品に対する安全志向により、スーパーマーケットに並ぶ青果物の種類が多様化している。それぞれの特色を理解し、消費者としてどういった視点で商品選択を行うとよいかを考える学習を行い、消費者には購入する責任・食べる責任があるということを捉えさせたい。

SDGsをアクティブに学ぶ！

《SDGsリンク＝深い学びの学習課題Q》

・スーパーマーケットはなぜ毎日安売りをするのだろう？

・食品チラシ調べから産地の傾向を考えよう。

《事実の深掘り発問》

・農家で作られた野菜はどのようにしてお店まで運ばれ、消費者の元に届くのだろうか？どんな人が運び、どこを経由しているか調べてみよう。

・一般的な野菜と地域の農家がお店に直接届ける野菜では、価格が異なる。どのような仕組みで価格が決定されているか調べ、農家の利益について考えてみよう。

・六次産業化・地産地消法によって、生産者と消費者との結びつきを強化し、地域の農林水産物の利用促進への動きが始まった。具体的な取り組み例を調べてみよう。

《新しい時代の学びへのアイデア》

・地域野菜の販売コーナーは、一般の野菜とは違う店内入り口付近であることが多い。野菜の店内配置を考えるシミュレーション活動で商品の探しやすさや流通量の安定性、他の野菜の売り上げへの影響等、様々な特徴を捉えさせたい。

・一般的な野菜と有機野菜、地域野菜の同一商品を提示し、自分ならどれを購入するか考える活動も有効である。

《参考資料のQRコード》

●ニッポンフードシフトのホームページ

　「食から日本を考える」を合言葉に、日本の農業と消費者や世界をつなぐ取り組みの事例が多数掲載されている。

（佐々木　英明）

SDGsにつなげるポイント

・スーパーマーケットの食品チラシを見ると、地元産の商品の多さと共に外国産が多いことが分かる。これを販売者の利益を上げる工夫として捉え、流通や価格の仕組みに目を向けさせたい。

・二つの野菜の比較によって、市場や輸送者の存在が明らかになる。一般的な商品流通の仕組みを理解した上で価格の内訳を読み取ることで、農家の利益の割合に着目させたい。

・地域野菜の陳列における一番の課題は、商品の流通量が不安定なことである。季節ごとに並ぶものが異なる青果コーナーの設置面積や設置場所は、生産量や販売店の戦略によって異なることから、シミュレーション活動で状況を分析したり、判断したりする力を養わせたい。

目標 **3** すべての人に健康と福祉を

交通事故を減らすにはどうすればいい？

―AIを搭載した自動車の可能性にせまる―

クローズアップ

▶自動運転
▶東京オリンピック
2020
▶高速道路

社会科学習におけるSDGs

　交通事故を減らすことに関わる小学校社会科の内容は、「消防署や警察署などの関係機関は、地域の安全をまもるために、相互に連携して緊急時に対処する体制をとっていることや、関係機関が地域の人々と協力して火災や事故などの防止に努めていること」であろう。具体的には、警察などの関係諸機関が、普段から道路標識などの増設や点検、交通管制センターの運営等をもとに事故の防止に努めていることを調べる活動を通して交通事故を減らす重要性を理解していくことなどが考えられる。
　一方で、交通事故を減らすために必要なことは、警察を含めた行政のような関係諸機関の取り組みだけではない。工業生産に関わる人々は、消費者の需要や社会の変化に対応し、優れた製品を生産するよう様々な工夫や努力をしており、そもそもの原因となる自動車に様々な機能を加えることで、事故を防ぐことにもつながっている。SDGsのターゲットにも、2020年までに、世界の道路交通事故による死傷者を半減させるとあり、官民ともに連携して取り組んでいく必要がある。

子どもが動き出す発問・学習課題

《クイズで中身を確認する発問》

Q:自動運転車について知っていることはありますか。

○東京オリンピックでは、選手村の移動の際に、自動運転車が活躍している（過疎化が進んでいる地域での自動運転バス実証実験も行われている）。

○高速道路を自動で運転している車をCMで見たことがある（日産プロパイロット2.0は、世界初のドライブ体験2020年12月を実現させた）。

○ハンドルが無い車を見たことがある（スズキ自動車が開発した「HANARE」は、その名の通り、家の「離れ」を意識した広々とした室内空間をデザインしている）。

SDGsに つなげるポイント

官民ITS構想・ロードマップ2018によると、2025年度をめどに、自家用車では、高速道路での完全自動運転、物流サービスでは、高速道路のトラック完全自動運転を2025年以降に目指していくというような政府の方針もある。このように、自動運転に関する技術を進化させることが重要視されている。

SDGsをアクティブに学ぶ！

《SDGsリンク＝深い学びの学習課題Q》

・自動運転車が普及することで、事故を減らすというメリットだけでなく、ほかにもどのようなメリットがあるだろう。また、公共交通機関が少ない地域には、どういうメリットがあるだろう。

《事実の深掘り発問》

・このまま、AIが進化し、自動車に搭載されることによって、どのような車社会が来るのだろう。

・もし、運転者が完全にAIに運転を任せていて、事故が起きたら、誰が責任を取るのだろう。

《新しい時代の学びへのアイデア》

〇AIは交通事故を減らすだけでなく、交通渋滞の緩和、運転者の負担軽減、過疎地での移動手段不足の解消、職業ドライバー不足の解消など、大きなメリットがある。しかし、上記のような、事故の際の責任の所在はどうなるのかということや、AIに任せるという不安が根強く残る。よりよい社会に向けて、人とAIが共存していくあり方を常に考え続ける必要がある。

〇東京オリンピック2020では、自動運転車が事故を起こして話題となった。実際の事故数はともかく、自動運転車の事故は、インパクトが強い。

《参考資料のQRコード》

●自動運転ラボでは、最新の技術についての特集など、情報が充実している。

SDGsにつなげるポイント

〇自動車が走る仕組みは以下のようになる。まず、「歩行者が歩いている」などの『認知』が行われる。その後、「スピードを落とすべきだ」と『判断』され、実際に「ブレーキを踏む」などの『操作』が行われることで、自動車が走る。この、『認知』『判断』『操作』がAIによって行われ、自動運転車が実現する。道路情報・現在位置・周辺状況の把握にはGPSなどの技術が活用される。

〇2017年中に日本国内で発生した交通事故は47万2165件あり、このうち信号無視や漫然運転などの法令違反は44万件だったという。また、高齢者の運転による事故も社会問題化している中で、自動運転車の普及により、ヒューマンエラーが未然に防がれる可能性があり、交通事故の減少の期待がかかる。

（岩坂　尚史）

目標　**6**　安全な水とトイレを世界中に

これから先も、日本の水は安心・安全？

―水道のいまを知り、未来について考えよう―

クローズアップ

▶水道料金

▶節水

▶水道管の老朽化

社会科学習におけるSDGs

　諸外国に比べて、日本では上下水道が当たり前のように利用できる。そのため、国内の水問題を授業で考えると、つい、水の無駄使いや節水の奨励に目が行きがちである。現に4年生の教科書も、日本の上下水道の安全性を学んだ後に「水を大切に」という安易な決意表明で終わることが多い。しかし、その節水によって水道事業は危機に陥っている。

　日本の水道事業は1960年代から膨大な投資を行い、全国に普及したが、現在は法定耐用年数40年を超えて水道管が老朽化し、各自治体は交換・修理に迫られている。だが、予算がない。水道事業の財源は使用水量によって決まるが、年々人口は減少し、日本人の生活に定着した「節水」が、1人当たりの使用水量の減少に拍車をかけている。自治体は水道料金の値上げを始めているが、水道管や浄水場の建て替えには高額の費用がかかるため、財政難で追いつかない現状がある。

　社会科の学習では、世界的にも水質の高い日本の水道について理解させた上で、今後の水道のあり方について考えさせたい。特に、自分の住む地域について調べることで水問題をより切実に捉えさせたい。

子どもが動き出す発問・学習課題

《クイズで中身を確認する発問》

Q:世界の196カ国の中で、日本のように「水道水をそのまま飲める国」はいくつあるだろう？

・12カ国。（国土交通省「令和2年版日本の水資源の現況」）

Q:日本に住むどのくらいの人が、当たり前のように水道を使えるのだろうか？

・水道普及率は約98％で、世界でもトップクラス。人が住んでいる地域のほとんどに水道が行き渡っている。

Q:水道料金は昔と比べて、上がっている？下がっている？

・自治体によって違うが、ここ30年間で平均約3割値上げした。今後も値上げする自治体が多いとされる。

SDGsにつなげるポイント

・子どもたちは水道水が飲めることを当たり前と感じて日々過ごしているため、それが世界的には珍しいことを実感させたい。

・水道普及率が100％でないのは、取り残されている人もいるということにも気づかせたい。

・自分の住む地域について考える目を向けられるように、可能であれば自分たちの地域の水道料金を調べ、提示したい。

⫻SDGsをアクティブに学ぶ！

《SDGsリンク＝深い学びの学習課題Q》

・なぜ、日本では安全な水を飲むことができるのか？

・水道料金が年々高くなっている理由は何だろうか？

《事実の深掘り発問》

・私たちの飲む水はどこから、どのように来るのか？

・使い終わった汚い水はどのように処理され、どこに行くのだろうか？

・水道管を取りかえる基準期間は40年間であるが、自分たちの住む地域の水道管が作られたのはいつだろうか？

・全国の水道管はどのくらい古くなっているのか？また、古くなっているとどんな問題が起こるのだろうか？

・水道管を交換、修理するのにはどのくらいの時間と費用がかかるのか？また、そのお金を払うのは誰なのだろう？

・これから水道事業(水道管の入れ替えや浄水場の建て替え等)に多くの費用が必要なのにも関わらず、水道を直すためのお金は減っている。その理由は何なのだろう？

《新しい時代の学びへのアイデア》

・調べたことをもとに、自分たちの地域の水道事情（水道施設の使用年数、役所の水道職員の数、水道料金の推移、など）を調べ、今後どのようなことが必要かを考えさせたい。

《参考資料のQRコード》

●東京都水道歴史館ホームページ

　東京の事例であるが、浄水場や水道管等の工事の記録が写真で閲覧でき、水道普及の様子が視覚的に理解できる。

SDGsにつなげるポイント

・水の循環を調べる過程では、浄水場等の施設だけではなく、我々の足元に張り巡らされている上下水道管を意識させたい。

・法定耐用年数40年を経過した水道管は約15%あり、老朽化した水道管の破裂事故は毎年1000件を超える。破裂によって、断水や地面の陥没等が発生し、多くの人へ影響が出てしまう。

・水道管の更新は、1kmあたり1〜2億円かかるため財政難から追いついていない。この費用には自分の家庭が納めた税金が使われることが大切な点である。

・水道収入減少の原因は、人口と水使用量の減少である。「節水」で水の無駄使いはなくなるが、水道事業の収入は減るという難題がある。また、自治体でも水道職員が削減されており、水道管漏水箇所の早期発見が難しい現状にある。

（岩瀬　寛弥）

下水はどのようにしてきれいに
なっていくの？

―上下水道の学習で「水循環」と「循環型社会」の仕組みが見えてくる―

クローズアップ

▶ 水循環
▶ 汚水と雨水
▶ 汚泥処理
▶ 循環型社会

社会科学習におけるSDGs

　内閣官房水循環制作本部事務局によると、人が利用できる淡水は、地球上に存在する水の量のわずか0.008%程度であり、水循環を健全に保つことが持続的な社会を築く上で重要とされている。また、洪水や渇水、水質汚染、地盤沈下等の水循環に関する課題は、一つ施策を行うとそれが他の環境に影響を及ぼすため、全体の仕組みを踏まえ、バランスを保ちながら取り組む必要がある。そこで、小学校4年生の学習で、上下水道全体を学習し、水循環の仕組みを捉えていく。家庭の蛇口から流れてくる上水と流し台やトイレ・風呂の排水溝から出る下水の使い方を考えるという身近な活動から学習を始め、山の湧き水からダム、浄水場、送水管までの上水の流れをつかんでいく。その後、マンホール調べから汚水と雨水の違いを捉えさせ、汚水をきれいにする仕組みとして下水処理場と汚泥処理施設について学習していく。これにより、下水処理が水循環の成立に果たす役割とともに、最後に排出された汚泥も再処理して100%リサイクルしている事実を捉えさせ、循環型社会の仕組みを学習することができる。

子どもが動き出す発問・学習課題

《クイズで中身を確認する発問》

Q:「浄水場」「下水処理場」「川」は、水をきれいにするためにどんな役割を果たしているのだろう？

「浄水場」…森に降った雨や雪解け水を浄水場できれいにして、安全でおいしい水道水を供給している。

「下水処理場」…下水処理場で汚水をきれいにして川に戻すことで、人が感染症になるのを防ぎ川や海の動植物の生物の命を守っている。

「川」…河川工事やダム・放水路・遊水地建設などの治水事業を行うことで洪水や渇水などの水害を防ぎ、人々の安全と自然環境を守っている。

SDGsにつなげるポイント

・日本では、浄水場や下水処理場はどこにでも当たり前にあり、川も自然に流れていると感じてしまう。これらが人の手によって、より高度に整備されることで水質の保全や水害を防ぐ役割を果たすことを理解させたい。水を安全に循環させる仕組みを捉えることで、自分と水との関わりを見つめ直すことができるようにしたい。

SDGsをアクティブに学ぶ！

《SDGsリンク＝深い学びの学習課題Q》

・川はどのようにしてきれいになったのだろう？

・どのようにして下水をきれいにしているのだろう？

《事実の深掘り発問》

・下水処理施設が整備されていない時代の河川の写真を見て、ごみや糞尿が川に捨てられるとどんな問題があるのか考えてみよう。

・下水は通常の処理で川に戻せるくらいきれいになったのに、どうして高度処理をしているのだろう?高度処理された水がどんなところで再利用されているか調べてみよう。

・汚泥は焼却灰となって無害なものとなったのに、わざわざセメントの原料として再利用するのはどんな意味があるのだろう？

《新しい時代の学びへのアイデア》

・下水処理施設では、汚水のアルカリ度が下がる様子の実験や焼却灰をリサイクルしたコンクリートの見学ができ、下水処理の効果を確かめることができる。

・下水処理場や汚泥処理施設における排ガスの無臭化や処理施設上部の運動場併設など、地域住民との融和を図る取り組みから、施設の持続可能性を考える学習も有効である。

《参考資料のQRコード》

●国土交通省下水道ホームページ

下水道の役割やしくみ、快適な生活環境の保全や水循環の形成に関する情報が掲載されている。

（佐々木　英明）

SDGsにつなげるポイント

・地域の歴史写真集を見たり下水の歴史をインターネットで検索したりすると生活排水の処理の変遷を調べることができる。

・日本で本格的に下水道が整備されるようになったのは、高度経済成長期である。人々が生活の豊かさを求めたことにより、水質汚濁や伝染病の流行につながったという社会的ジレンマを捉え、産業の発展と生活の向上との関わりについて問い直しをさせたい。

・地域の関わりや協力を求めている施設も多く、学校が見学を依頼すると積極的に学習内容を提案してくれる。下水や汚泥の処理の力を目の当たりにすることが重要である。

ごみを減らそう！でも、どうして？

―環境・資源・コストからごみを見つめ直そう―

クローズアップ

▶ごみの処理

▶食品ロス

▶3R（4R・5R）

社会科学習におけるSDGs

「ごみを減らそう」というキャッチコピーはよく耳目にする。しかし、その理由を尋ねられると、答えに窮してしまうのではないか。ある市の清掃局で働く方に上の理由を尋ねると、以下の3点であることを語ってもらった。

第1に、環境である。ごみを燃やすことで（分解したり、取り除いたりしているが）、人体に有毒なガスが出たり、埋立地が満杯になってしまうスピードが速まり、新たに別の埋立地を作ったりしなければならなくなる。

第2に、資源である。ごみを出すということは、将来的にごみになるものを作っているという見方もできる。それも、限られた資源を使って。また食品ロス対策とも関係がある。つまり、出すごみをへらすことは、資源を大事にすることにつながる。

第3に、コストである。日本全国で、1年間に、ごみの処理にかかる費用は、およそ2兆円といわれている。ごみを減らすことで、浮いたコストを、市民の福祉や医療、教育等の他分野に回すことができる。

子どもが動き出す発問・学習課題

《クイズで中身を確認する発問》

Q:ごみステーションに出された後、ごみはどこへ行くのでしょう。

A:種類によって異なるが、燃えるごみは多くの場合、パッカー車（地域により「ごみ収集車」とも「清掃車」ともいう）によって回収され、市区町村の処理施設（清掃工場とも）へ運ばれる。その後、ごみピットに集められ、ごみクレーンによって焼却炉で燃やされる。灰の処理も地域によって差が大きいが、筆者が住む近畿では、2021年8月現在、2府4県168市町村が「大阪湾フェニックス計画」に参加し、大阪湾を最終処分場にしている。これはつまり、大阪湾に灰を埋め立てているということである。

SDGsにつなげるポイント

・小学4年生社会科で学習することを紹介したい。特に、教科書や、市区町村ごとの副読本を活用するのもよい。

・最終処分場については、市区町村ごとの差が大きい。例えば近畿でも、フェニックス計画に参加していない市町村は、他市の山中に灰を運搬しているところもある。

SDGsをアクティブに学ぶ！

《SDGsリンク＝深い学びの学習課題Q》

Q：「ごみを減らそう」といわれますが、どうしてでしょう。環境・資源・コストの3つから考えてみましょう。

Q：ごみを燃やした時に出る煙には、何が含まれているでしょう。また、埋立地が満杯になれば、どうするでしょう。

Q：ごみとは、元々は何だったでしょう。そしてそれは、何から作られているのでしょう。

Q：ごみの回収費用や、施設で働いている人のお給料は、どこから出ているのでしょう。ごみが減れば、どうなるでしょう。近畿における「フェニックス計画」に当たるものに参加するには、何が必要でしょう。

Q：ごみを減らすために、あなたにできることは何でしょう。

《事実の深掘り発問》

Q：食品ロスを減らす方法は？

Q：給食の残菜は、どうなるでしょう。

《新しい時代の学びへのアイデア》

　動画投稿サイトYouTubeで「ごみを減らす方法」と検索すると、ユーチューバーごとの取り組みや、行政による投稿、さらには近接する3Rやマイクロプラスチックに関する動画など、各方面からの動画を視聴することができる。

《参考資料のQRコード》

●香取市公式動画チャンネル「なぜ、ごみを減らさなくてはならないのか?」

　ごみの処理の仕組みや、ごみの量の推移、3Rについて等、ごみの処理にかかる事象を広く紹介している。

（山方　貴順）

SDGsにつなげるポイント

・資源と関わって、食品ロスと3Rには触れておきたい。

・食品ロスとは、本来食べられるのに捨てられてしまう食品を指す。日本は食料自給率が低いことが指摘されている。多くの燃料を使って外国から食料を運んでいるにもかかわらず、である。

・3Rとは、Reduce（減らす）、Reuse（再利用）、Recycle（リサイクル）の頭文字を取った行動である。ここに、Refuse（断る）を加えた4Rや、Repair（修理する）とReturn（返却する）を加えた5Rもある。

・SDGsにおける重要なポイントは、概念の理解ではなく、行動化である。自分の行動を見直すことができる子どもにしたい。

くらしの向上のために雪や寒さをどう活かす？

―地域の特色に価値を見出し、強みとして積極的な活用を考えよう―

クローズアップ

▶ 北海道の自然環境

▶ 持続可能な観光業

▶ クリーン農業

社会科学習におけるSDGs

　2018年12月に策定された北海道SDGs推進ビジョンによると、北海道は人口減少や高齢化、自然災害の発生などの課題解決に向けて、豊かで美しい自然環境や広大な大地と海、安全・安心な食、豊富で多様なエネルギー資源、アイヌ文化、縄文遺跡群など、他の地域には見られない強みや価値を積極的に活用し、雇用を維持して働きがいのあるまちづくりの推進を目指している。その中でも、雪や寒さといった気候の特色については、北海道が長い歴史の中で少しずつ克服し、不便さや障害を様々な技術の向上で乗り越えてきた。そして、札幌オリンピックを契機に北海道の雪や寒さの魅力が世界に発信され、さっぽろ雪まつりやニセコのリゾートスキーに多くの観光客が訪れるようになったほか、寒冷地仕様のインフラやクリーン農業など、多くの技術が注目されている。地域学習や産業学習、政治学習において、北海道の事例を参考に取り上げ、地域の特色を積極的に活用した様子を捉えることで、日本における持続可能な経済成長のあり方を考える機会としていきたい。

子どもが動き出す発問・学習課題

《クイズで中身を確認する発問》

Q:北海道の経済の発展に必要不可欠な「観光」「インフラ」「農業」には、どんな特徴があるのだろう？

「観光」…さっぽろ雪まつりを始めとする冬祭りや、ニセコを中心としたスキー場などで、年間5000万人を超える観光客が訪れている。

「インフラ」…治水や道路、港湾・空港、土地改良などで積雪寒冷地仕様となっており、氷点下の積雪時でも日常生活を送ることのできる優れた技術がある。

「農業」…冬に降る雪がつくる豊富な水と広大な大地を生かし、大規模で生産性の高い農業を展開している。

SDGsにつなげる**ポイント**

・北海道の「観光」「インフラ」「農業」の特色をつかむことで、観光客による収益の増加を始め、インフラ整備や農業振興による雇用の創出と生産力の向上といった経済効果が浮き彫りになる。また、それぞれの観点における持続可能な社会の仕組みづくりの様子も捉えさせる。

SDGsをアクティブに学ぶ！

《SDGsリンク＝深い学びの学習課題Q》

・なぜさっぽろ雪まつりをオンライン開催したのだろう？

・どうして雪深い山間で稲作をするのだろう？

《事実の深掘り発問》

・さっぽろ雪まつりは、札幌市内の中学校、高校の生徒が雪像を作って展示するイベントだったのに、いつから観光客が訪れる冬の一大イベントとなったのだろうか？

・山間の稲作農家では、水田の周りにハーブを置き減農薬、無農薬栽培を進めている。この農法で、流通量が少ない道産品種「ゆきひかり」を栽培するのはなぜだろう？

・札幌市には、生活道路の除排雪を行うためにパートナーシップ排雪制度がある。どんな市民の願いで始まり、どのように進められているのだろう？

《新しい時代の学びへのアイデア》

・さっぽろ雪まつりには、目玉である大雪像ばかりでなく、公募で製作者を募る市民雪像がある。市民参加を促す意味を考え、社会参画について考える機会としたい。

・コシヒカリやゆめぴりかは、山間部で豪雪地帯という気候と地形の共通点がある。地図やインターネットを使って、米がおいしくできる仕組みを調べる学習も有効である。

《参考資料のQRコード》

●北海道SDGs推進ビジョンホームページ

　北海道の自然環境や豊富な農林水産資源、多様なエネルギーなどの独自性・優位性について整理されている。

（佐々木　英明）

SDGsに つなげるポイント

・さっぽろ雪まつりは1950年に始まり、中高生や一般市民の手で雪像が製作されたことから始まる。多くの観光客が訪れる現在でも、市民参加を大切にする地域行事としてのコンセプトを捉えさせたい。

・「ゆきひかり」は40年ほど前に北海道で中心的に栽培されてきた品種で、米アレルギーの発症を抑えるとされている。山間部で減農薬・無農薬栽培をする事例を取り上げ、生産量が少なくても安心・安全な米を生産する意味を考える機会としたい。

・パートナーシップ排雪制度により、地域住民の自助・共助意識の向上や除雪業者の雇用と収入の保証を実現できる。国や市は個人の生活を全て支えてくれるという考え方を問い直させたい。

「日本の森林は減っている」って本当？

―日本の森林の持続可能性について考える―

クローズアップ

- ▶日本の森林
- ▶林業
- ▶木づかい運動

社会科学習におけるSDGs

　目標15のターゲットには「森林減少を止め、劣化した森林を回復させる」ことが明記されており、つい"日本でも森林減少を食い止めよう"と教えたくなってしまう。しかし、世界の森林面積の増減をデータで確認すると地域的な偏りが見られ、アフリカや南米では森林面積が減っているのに対し、アメリカや中国では増加しており、国や地域ごとの実態を正しく認識した上で解決策を考えることが重要である。

　日本は過去50年間森林面積がほぼ同じで、森林蓄積（≒森林資源量）は約3倍に増えている。これは戦後、人工林が大面積に造成され、その木が成長した成果である。しかし、木が増えた一方で、林業従事者の減少や良質な外国材の影響によって、国産材の利用につながらず、日本は人工林で飽和状態の森林をいかに利用するかが課題となっている。

　社会科の学習では、森林や林業の現状、国産材の利用率をどう高めるかを考えることで、日本の森林の持続可能性について深く学ばせたい。その際、これまでの林業への多額の補助金の投入や今後導入される森林環境税との関連を踏まえ、自分とのつながりも考えさせたい。

子どもが動き出す発問・学習課題

《クイズで中身を確認する発問》

Q:日本の国土の何%が森林になっている？

・約66%（3分の2）。森林率はOECD加盟国中2位。

Q:50年前は、今と比べて森林の木の数は多かった？

・少なかった。日本の森林蓄積（≒森林資源量）は、2018年で52億4000万㎥、約50年前（1966年）の2.78倍。

Q:もっと昔は、山には木が生い茂っていたのだろうか？

・山地にはほとんど木がなかった。戦後（1950年頃）、全国の山々は「はげ山」あるいはそれに近い劣化した森林で覆われていた。江戸時代の浮世絵や名所図会を見ても同様である。「石油」以前、木々は資源として次々と伐採された。

SDGsにつなげるポイント

・日本の森林の現状について正確に把握するために、今の緑豊かな森林の光景は歴史的に見ればごく最近のことだと認識させることが重要である。スギ・ヒノキなど人工林の植林により、約50年という短い期間で「はげ山」が消失した。例えば『東海道五十三次』に描かれる「日坂宿」の絵を見るだけでも、当時の山中の木々の様子が理解しやすい。

SDGsをアクティブに学ぶ！

《SDGsリンク＝深い学びの学習課題Q》

・日本の森林にある木々が増え続けているのはよいことだろうか？日本の森林・木材と林業について調べてみよう。

《事実の深掘り発問》

・「緑が増える」ことはよいことしかなさそうだが、森林の木々が切られず増え続けると、悪い影響はあるのか？

・間伐などで森林を手入れする林業従事者は減っているが、なぜだろう？年齢構成や仕事内容、収入などを調べよう。

・国（林野庁）は2005年から「木づかい運動」を推進している。どのような運動で、どんな意図で始めたのだろうか？

・「木づかい運動」が始まってから10年以上経つが、日本の木材自給率は約30％である。なぜ、木がたくさん余っているにも関わらず、日本の木材は使われないのか？

《新しい時代の学びへのアイデア》

・わり箸などよく使う商品について、国産材と外国材の価格を調べ、違う理由を考えると身近な所から興味をもてる。

・2024年度から森林環境税が導入されるが、この増税は日本の森林・林業を助けることになるか、これまでの林業への補助金の経緯（＝自分の家が払った税金がどれだけ使われたか）と合わせ考えさせると、自分事として捉えやすい。

《参考資料のQRコード》

●森林・林業学習館

　森林や林業、環境問題に至るまで、出典を明らかにしたデータと共に、平易に解説されている。

（岩瀬　寛弥）

SDGsにつなげるポイント

・子どもは「木を切ること＝環境破壊」と捉えがちであるため、間伐をしなければ木々の健全な成長はもちろん、土砂災害等の悪影響があることを学ばせたい。

・収穫まで50〜60年を費やす仕事だが、十分な収入が得られない等の問題がある。林業の衰退は、防災や生物多様性等の地球環境に大きく影響を与える。

・木材自給率が低い理由として「外国材が安いから」と思われがちだが、国産材（原木）の方が安い。外国材よりも質をよくすることが、自給率向上につながる。

・これまで、林業には多くの補助金が投入され、7割以上を補助金で賄うこともできる。補助金は林業を手厚く保護してきた反面、補助金依存によって国産材の質向上への動機を奪ってきた面もある点に着目させたい。

第**2**章　「日本」の学習にリンク

目標 **15** 陸の豊かさも守ろう

日本の林業をどうやって守っていけばいいだろう？

―映画「WOOD JOB！」からSDGsを考える―

クローズアップ

- ▶林業
- ▶高齢化
- ▶環境林
- ▶地球温暖化
- ▶生物多様性

社会科学習におけるSDGs

　日本の陸地に占める山地の割合は75%で、森林に恵まれた国である。森林は狩猟の場だけでなく、人々が暮らす住居の材料となる木材を供給し、土砂災害を防いでおり、そこで降った雨や雪は川となって下流に住む人々の生活用水や農業用水として使われてきた。二酸化炭素を吸収して地球温暖化を防ぐ役割もあり、環境林として保全する取り組みが求められる。日本の森林の約4割は人工林であり、木材として利用価値の高いスギやヒノキが植林されており、出荷できる樹齢のものが多い。1960年代以降、海外からの安い木材の輸入によって木材価格が低迷したが、近年は国内産の高品質の木材が注目されている。ただ、高齢化で林業の働き手が減り、森林管理の技術を受け継ぐ後継者が不足しているため、管理が行き届かずに荒れ果ててしまう森林も増えている。そこで国や地方自治体は「緑の雇用」制度を始め、若者が知識・技能を習得して山間部に移住できるように支援している。社会科学習では、日本の林業の役割と課題を理解し、環境林として守っていくための取り組みを考えさせたい。

子どもが動き出す発問・学習課題

《クイズで中身を確認する発問》

Q:木からできる食べ物は何だろう？
⇒メープルシロップ、チューインガム、シナモンなど。

Q:森が無くなると魚が減る？　⇒ホント。

Q:森があると洪水が起きにくい？　⇒ホント。

Q:木は電気をつくることができる　⇒ホント。

Q:今、世界の森林が減っている？　⇒ホント。

Q:日本の森は木をきり過ぎている？　⇒ウソ。

Q:木の割り箸やストローを使う方がいいのはどうして？
⇒森林の成長過程で密集化する立木を間引く間伐の過程で木材（間伐材）が発生するから。

SDGsにつなげるポイント

- ・落ちた葉は腐葉土になり、微生物に分解され、栄養が豊富の土となる。
- ・森の土は、大量に水をたくわえ、地下水をつくる。
- ・木質チップを燃料にして、発電機のタービンを動かしている。
- ・毎年約5.2万㎢の森林が、地球上から消えている。
（住友林業HP「きこりんの森」）

SDGsをアクティブに学ぶ！

《SDGsリンク＝深い学びの学習課題Q》

Q:林業従事者が減っている中、どんな取り組みが必要？
⇒国や地方自治体は「緑の雇用」制度を始め、若者が知識・技能を習得して山間部に移住できるように支援している。

《事実の深掘り発問》

Q:漁業者が落葉広葉樹の植林を行っているのはなぜ？
⇒里山を良好な状態に保つと、川でつながる海の環境が豊かになるため。

Q:目標15に対する企業の取り組みを調べてみよう。
⇒例えばヤマハは近年、資源量が減少している木管楽器の材料「アフリカン・ブラックウッド」の持続可能な調達に向けて、タンザニアでの森林保全や整備に取り組んでいる。

《新しい時代の学びへのアイデア》

・GISをもとに航空レーザーやドローン等のICTで得たデータを組み合わせ、伐採計画を作成する「スマート林業」が注目されている。

《参考資料のQRコード》

●林野庁「日本の森林・林業の今」
森林と林業の役割と基礎情報が取り上げられている。

●三浦しをん『神去なあなあ日常』（徳間書店）
ふとしたきっかけから山奥の村で、林業に従事することになった青年・勇気の成長を描く。自分の植えた木を切り倒すのは100年後の子孫であり、未来を作る仕事に魅力を感じていく。2014年に映画化された。

SDGsにつなげるポイント

・2021年のSDGsの目標別達成度で、目標15のスコアが唯一減少しており、いま1番の課題のテーマといえる。特に生物多様性の保全が課題であり、日本の野生動植物の約3割が絶滅の危機に瀕している。

・花粉症の原因になるスギは人工林の4割を占めているが、割裂性がよく角材から板材までを作ることができるので、重要な木材として重宝されてきた。

・映画「WOOD JOB！」では、「緑の雇用」制度で林業に従事した青年が、仕事の苦難に直面しながらも林業の魅力を感じていく。林業を身近な産業としてとらえられない生徒に対して、このような映像資料を使いたい。

（田中　大雅）

目標 **13** 気候変動に具体的な対策を

日本の自然がもたらすのは「恵み」か「災い」か？

―SDGsの視点から日本の自然環境の特色を捉え直す―

クローズアップ

▶ 自然環境

▶ 自然災害

▶ 気候変動

▶ 防災

▶ 減災

社会科学習におけるSDGs

　自然災害はあらゆる国に影響を与え、経済を混乱させ、人々やコミュニティ、国に莫大なコストを強いている。

　目標13「気候変動に具体的な対策を」のターゲットでは、災害リスク管理を策定・実施し、災害による死者や被災者の数を大幅に縮小すること等が志向されている。日本においても、近い将来には首都直下地震や南海トラフ巨大地震の発生が危惧されている。また、地震だけではなく、集中豪雨がもたらす土砂災害や河川の氾濫なども多発している。上記のターゲットは、災害大国の一つである日本に暮らす私たちにとっても切実なものだろう。

　だが、それだけではない。自然環境は災害をもたらすことだけではなく、再生可能エネルギーや観光振興の源となり得ることもSDGsの目標と密接に関連している（例えば、目標7「エネルギーをみんなに そしてクリーンに」目標11「住み続けられるまちづくりを」等）。ここでは、日本の自然環境の特色をSDGsの視点から捉え直すことで見えてくる単元構想の一例を示したい。

子どもが動き出す発問・学習課題

《クイズで中身を確認する発問》

Q:世界で発生したマグニチュード6以上の地震のうち 日本で発生したのは何％であるか？

…約21％（活火山のうち7％が日本にある）。

Q:日本の温泉地の数は世界で何位か？

… 1位（宿泊施設を伴う温泉地が約3100か所、源泉総数は約2万8000ある温泉大国である）。

Q:「世界リスク報告書」（2016年）によると、日本の自然災害に「さらされる可能性」は世界で何位か？

… 4位（171か国中）。充実したインフラと優れた対処処理等が評価され、総合的な災害リスクは17位となっている。

SDGsにつなげるポイント

データを活用したクイズを通じて、日本は①自然環境を活かした魅力的な観光資源が多いこと、一方で②様々な災害は多発していること、そのため③様々な防災・減災の取り組みが行われていること等を確認したい。

本単元における学習内容に興味を持たせるとともに、見通しを持たせるきっかけとなるように工夫したい。

SDGsをアクティブに学ぶ！

《SDGsリンク＝深い学びの学習課題Q》

・日本の自然環境がもたらすのは豊かな「恵み」か、それとも恐ろしい「災い」か？

・なぜ日本は自然災害大国と言われているのだろうか？

・日本で直面する自然災害にはどのようなものがあるか？

《事実の深掘り発問》

・①造山帯②海・海岸③河川④気候、それぞれの視点から見える「恵み」、「災い」は何だろうか？（全4時間を想定）

　〈恵みの例〉

　　自然環境を生かした観光資源・海洋資源・水力発電や地熱発電などのエネルギー源

　〈災いの例〉

　　火山の噴火・地震・津波・埋立地の液状化・海洋汚染・洪水・台風・土砂災害など

・「災い」から私たちの暮らしを「もっと」守るためにはどこに力を入れるべきか？（公助・共助・自助の視点）

《新しい時代の学びへのアイデア》

・①災害に対して危機感を持てない人々が、「災害に備えなければ……」と考えさせられるようなツイート、また②「世界に誇る日本の自然」というテーマで外国人が日本に行きたくなるようなツイートを140字以内でまとめよう、キーワードは＃（ハッシュタグ）にしよう。

《参考資料のQRコード》

佐藤真久『未来の授業:SDGsライフキャリアBOOK』2020年、宣伝会議

SDGsにつなげるポイント

・他のSDGsの目標との関連に気づかせる探究活動を設定したい。具体的を以下に示す。

【探究例①】
自然環境がもたらす豊かな「恵み」に着目し、再生可能エネルギーや、観光振興の可能性などについて迫らせる。

【探究例②】
次のような視点に着目し、防災・減災について探究させる。

・目標15「森林の豊かさも守ろう」…森林を適切に管理することで地滑りなどの災害を減らすことができる。

・目標17「パートナーシップで目標を達成しよう」…地域の人同士のつながりが、災害の際の適切な対応に直結する。

（中澤　尚紀）

災害が起きた後、住む家とまちは元に戻るの？

―東日本大震災の復興のあり方から考える―

クローズアップ

▶ 東日本大震災

▶「より良い復興」

▶ 避難所

▶ 持続可能な地域づくり

社会科学習におけるSDGs

　目標11を考える際、日本で重要なのは災害の問題である。最近では、数十年、数百年に一度と言われるような地震や豪雨が頻発するようになった。一刻も早く被災者の生活を保障することが求められるが、被害を受けた家やまちを元通りにするには費用と時間がかかる。日頃から「より良い復興」のあり方を議論しておくことが重要である。

　2011年の東日本大震災では、高齢者を中心に「震災関連死」が3700人以上いた。大きな原因は居住の問題であり、先進国の中でも劣悪な環境である日本の避難所や、コミュニティの維持が難しい災害公営住宅の入居方法は検討の余地がある。また、災害後に住む家の問題が解決しても、「まちづくり」の問題が待っている。特に、復旧に多額の費用がかかる鉄道等の交通インフラは人口が少ない地域ほど存続が難しい。だが、鉄道は過疎地を中心に移動の手段を超えて地域のシンボルとして、住民の心の拠り所となっていて存続を求める声が多い。

　社会科の学習では、災害復興における国や自治体の関わりを理解した上で、「より良い復興」に向けて何を重視したらよいかを議論させたい。

子どもが動き出す発問・学習課題

《クイズで中身を確認する発問》

Q:2011年の東日本大震災から10年以上が経ったが、今も避難している人は何人くらいいるだろう？

・約4万人（2021年7月30日現在）。地震だけでなく、津波や原発事故により、家に戻れない人が多い。

Q:東日本大震災では、災害では助かったが、その後亡くなった「震災関連死」が3700人以上いる。原因は何だろう？

・避難生活でのストレスや疲労が一番多い原因。

Q:2021年現在、被災者の方の中で「復興は完了した」と思っている人は何%くらいいるだろう？

・12%（NHK大規模アンケートより）。

SDGsにつなげるポイント

・子どもたちは学校での定期的な防災教育や避難訓練によって、災害時に「身を守り避難するまで」の意識は高いが、「避難した後」の避難所等への意識は低く、ここをしっかり押さえたい。

・日本の避難所環境は劣悪で、2016年の熊本地震でも東日本大震災の教訓は生かされず、災害関連死亡者が、外傷等による直接死亡者の4倍以上となった。

SDGsをアクティブに学ぶ！

《SDGsリンク＝深い学びの学習課題Q》

・東日本大震災の避難所や復興のあり方はよかったといえる
だろうか？避難所や復興の様子を調べてみよう。

《事実の深掘り発問》

・なぜ、避難所は過ごしにくいのか？自分の学校の体育館を
例にトイレ、食事、プライバシーはどうか考えよう。

・イタリアの避難所の様子を調べ、日本と比べてみよう。な
ぜ、イタリアでは避難所が過ごしやすいのか？なぜ、こん
なことができるのだろう？

・家に戻れない人は避難所を出た後、どのように暮らしてい
るのだろう？仮設住宅・災害公営住宅を調べてみよう。

・被災地の気仙沼市では、JR東日本が、津波被害にあった線
路を元に戻す代わりに、バス（BRT）を走らせることにし
た。気仙沼市は鉄道での復旧を望んだのに、なぜだろう？
また、市は途中からBRTを受け入れたが、なぜだろう？

《新しい時代の学びへのアイデア》

・「より良い復興」に向けて、何を（避難所、住宅、鉄道等
のまちのシンボル）優先して、どこに予算を配分すべきか
議論させる。財源については、東日本大震災後、新たに復
興特別税が定められたことも関連して考えさせたい。

《参考資料のQRコード》

●復興庁ホームページ

東日本大震災関連のデータ（被災者数、復興予算・決算な
ど）を掲載。復興庁は2030年度末まで設置される予定。

SDGsにつなげるポイント

・イタリアでは、48時間以内に、テントやベッド、仮設トイレや食堂を準備し提供することが法に定められている。また、国に登録された支援者も多く、現地までの交通費も支給される。

・戻る家がない場合は仮設住宅へ移り、その後家を自力再建するか災害公営住宅へ入居するかが大まかな流れである。1995年の阪神・淡路大震災で災害公営住宅の最大の問題点は、コミュニティの消失による孤独死の発生であった。持続可能な地域づくりの視点に着目させたい。

・過疎地の被災地では、維持費の観点からJRが廃線を実施している。一方、地域のシンボルを残したい住民も多い。どこまで費用をかけて、地域固有の文化を重視し、地域コミュニティを存続させるかが1つの論点となる。

（岩瀬　寛弥）

第2章 「日本」の学習にリンク

目標　**9**　産業と技術革新の基盤をつくろう

北九州の伝統工芸:小倉織の魅力とは？

―伝統と革新を視点として、地元に根ざした伝統工芸品に着目しよう―

クローズアップ

▶ 小倉織

▶ 伝統工芸

▶ 繊維製品

▶ 伝統と革新

社会科学習におけるSDGs

　現代は、大量生産・大量消費の時代である。経済成長と多様な業態の販売店の登場、Web環境の整備も相俟って、欲しいものは容易に手に入れることができ、私たちは快適な生活を享受している。豊かさの一方、無駄遣いやまだ使用可能なものの廃棄も当たり前に行われてしまうという現実。その先には、資源の枯渇や気候変動といった環境問題があり、我々自身の生活や環境を破壊していることに気づかぬままに過ごしてしまっている。地域の伝統工芸品とは、その「伝統」という語が表すように、これまで持続可能であった製品であると言い換えることができる。そこには、地域性や文化の多様性、歴史的な背景、そして、現代における意義や位置、といった社会科に固有な見方・考え方を働かせる必然的な価値が内包されている。それらを貫くキーワードは「伝統と革新」である。今回、事例として取り上げた「小倉織」は、福岡県北九州市の伝統工芸である。一度は途絶えつつも復活を遂げ、丈夫で長く使用可能な小倉織は、サステイナブルなものづくりについて考察する格好の教材である。

子どもが動き出す発問・学習課題

《クイズで中身を確認する発問》

Q:他の織物と比べた「小倉織」の特色とは、どのようなものだろうか？

地厚で丈夫、なめらかな綿織物。経糸の密度が通常の織物の2倍以上で、たて縞の表現が大きな特色。豊前小倉（現在の北九州市）で栽培された綿を用いて、江戸時代に登場。武士の袴や帯として織られ、徳川家康が鷹狩りの際の羽織としても愛用した。明治時代は、男子学生服の生地として全国に広がる。一方、粗悪品も出回り、昭和初期には技術が途絶えたものの、染織家である築城則子氏の手によって1984年に復元、再生され、その後機械織での製造も再開された。

**SDGsに
つなげるポイント**

・伝統工芸品には、各地の文化、風俗の特色が詰まっている。原材料や技法、それを担う職人（技術者）といった諸要素は、地理的、歴史的、そして社会的、経済的な影響を色濃く反映している。地域・文化を核としながら、伝統と革新の両面を軸に、「持続可能なものづくり」について、地域の一員として考えるきっかけとしたい。

SDGsをアクティブに学ぶ！

《SDGsリンク＝深い学びの学習課題Q》

・小倉織の盛衰を、時系列の折れ線グラフに理由とともに表してみよう。

・我が国各地の特徴的な織物を、白地図に表わそう。

《事実の深掘り発問》

・なぜ、近年小倉織が再注目されているのだろうか？他の地域の織物との違いを探してみよう。

・私たちの地元に根ざした伝統工芸品の現状とは？それらにとっての「伝統」と「革新」を、どのようにとらえるべきだろうか？

・サステイナブルなものづくりや商品に必要な要素とは、どのようなものだろうか。

《新しい時代の学びへのアイデア》

・子どもたちに身近な、地元や地域の伝統工芸品に着目させて、その伝統と革新について議論させたり、企画アイデアを構想させたりすることで、「サステイナブル」なものづくりの大切さや難しさに、直に触れさせたい。

・その際、可能であれば、そのような企業や作家等の専門家、行政の担当者等の協力を仰ぐことも可能である。

《参考資料のQRコード》

●株式会社 小倉縞縞公式サイト

　小倉織の機械織による製造・開発を手がける企業である。小倉織の歴史、特色等が詳細に説明されている。SDGsの取り組みにも積極的で、学習デザインの参考になる。

（柴田　康弘）

SDGsにつなげるポイント

・江戸、明治、大正、昭和、平成と、その時代の社会状況にリンクして開発、生産されてきた小倉織の事例は、時代を超えたものづくりの持続可能性を考える上でのヒントとなる。

・国産デニムのルーツ（岡山県井原地区）は、かつては、備中小倉織の産地であった。

・「伝統」と「革新」は、本来、対義語として定義される言葉であるが、とりわけ文化や芸術、ビジネスといった分野では、その両立の可能性を模索することが重要視されてきている。

・伝統工芸を中心としたSDGs学習のデザインは、社会科3分野、さらに他教科や総合的な学習の時間などとのカリキュラム・マネジメントを図る教材として有効である。

なぜ人々は東北のまつりの開催を願うのだろうか？

—東北の伝統から見る過去、現在、そして未来—

クローズアップ

▶まつり

▶伝統

▶東北地方

▶復興

▶地域社会

社会科学習におけるSDGs

　SDGsの目標11「住み続けられるまちづくりを」では、都市膨張がもたらす様々な社会的課題（スラム、過密、大気汚染の悪化など）の解決に重点が置かれている。一方で、ターゲット11・aには「各国・各地域の開発計画を強化することにより、経済・社会・環境面における都市部、都市周辺部、農村部の間の良好なつながりをサポートする。」と定められている。ここからは都市部だけではなく、地方であっても、私たちが健全に暮らし、成長するために必要な機能やサービスについて考える必要性がうかがえる。

　ここでは、小単元「東北地方」を取り上げる。東北の伝統行事であるまつりは、穀物の豊作を願って始まった。東日本大震災以降、東北地方は、震災や津波による被害に加え、地域社会の衰退や、観光客の減少などの多くの壁に直面した。そのような中、まつりは交流人口の回復や地域経済の再生など新たな役割を担うものとなった。まつりという「メガネ」を通して、持続可能な地域の在り方を模索することで、SDGsと社会科学習の接続を図りたい。

子どもが動き出す発問・学習課題

《クイズで中身を確認する発問》

Q:宮沢賢治『雨ニモマケズ』の一節「サムサノナツ」は何を意味するか？

・夏に吹く冷涼な風である「やませ」を表現している。「やませ」による冷害は、豊作を願う東北のまつりが始まった理由の一つである。

Q:コロナ禍で東北のまつりは中止になった。青森のねぶた祭を支援するクラウドファンディングでは、どれくらいの支援額が集まったか？

・約2500万円（設定されていた目標金額は150万円であったが、予想を超える数の支援者が集まった）。

SDGsにつなげるポイント

東北のまつりの起源・由来を通じて、東北の農業の課題や工夫について確認する。その上で、コロナウイルスの感染拡大の影響を受けて、東北のまつりが軒並み中止になったこと、まつりの存続のために全国から多くの支援が寄せられていることを確認する。東北において、まつりが担う役割に興味を持たせるきっかけとしたい。

SDGsをアクティブに学ぶ！

《SDGsリンク＝深い学びの学習課題Q》

・なぜ人々はまつりの開催を願うのだろうか？

…まつりに込められた人々の願いや、まつりが担っている役割について単元の中で探求させたい。

《事実の深掘り発問》

・東北大震災の後、東北は「なぜ」「どのようなこと」に苦しんできたのか？

  ・人口減少によって地域社会の維持が困難になった。

  ・震災後、多くの住民が離散してしまったため、地域の人々のつながりが失われてしまった。

  ・SNS上での風評被害によって観光客が減少した。

  （原発の放射性物質に関する内容が多い）

・家族も故郷も失った人々が、それでも「まつり」に取り組んだ理由は何だろうか？

  ・東北に暮らす人と、県外の人々とのつながりを保つ貴重な場になるため。

  ・観光客を増やすことで、経済が活性化するため。

《新しい時代の学びへのアイデア》

・豊作を祈るために始まった東北のまつりは「今」、そして「将来」どのような願いが込められているのだろう？

・私たちの地域のまつり（伝統）にはどのような願いが込められているのだろうか？

《参考資料のQRコード》

・震災後、東北の6つの祭りが集結した「東北絆まつり」が開催された。その開催趣旨にも着目したい。

（中澤　尚紀）

SDGsにつなげるポイント

・東北地方のまつりに込められた人々の願いの変化を考える中で、東北大震災による地域社会の崩壊、復興を阻む原発事故による風評被害などの存在に気づかせたい。

・震災後、人口減少が著しい被災地地域では、県外から観光客や労働力を呼び込んだり、Uターン、Iターンを促進したりすることが大きな課題となっている。

・目標8「働きがいも経済成長も」目標9「産業と技術革新の基盤をつくろう」の視点から問いを設定することも考えられる。目標が相互に関連づいていることに気づかせたい。

再開発不要 いつまでも住み続けられるまちとは？

―企業が取り組む持続可能なまちづくり―

クローズアップ

▶ 子育てのしやすい街
▶ 福祉の充実した街
▶ 地域循環型社会

社会科学習におけるSDGs

　成田空港まで鉄道で約30分、東京駅までは約1時間、千葉県佐倉市にあるユーカリが丘は人口18,819人、7,761世帯、この10年間で増加した子ども（0〜9歳）の数は656人という住宅団地である。1971（昭和46）年に開発が始まったこのまちでは、「ずっと住み続けられる街」「子育てしやすい街」「高齢者が住みやすい街」「便利な独自交通のある街」「暮らしに便利な街」「安心・安全の街」「未来が見える街」をコンセプトに持続可能なまちづくりに取り組んでいる。この取り組みを始めたのは、行政でも住民でもない。住宅開発を手がける企業「山万」である。分譲地全体の年齢構成や街の発展度合いに目を配りながら、まちとしてどういう機能が必要になるかを考え、まちそのものを管理・運営していくという「山万」のビジネスモデルからは、企業としての持続可能な在り方を考えさせられる。さらに住民の声を聞きながら、NPOや住民ボランティアとともに取り組んでいるまちづくりからは、企業・市民・公的機関が協働し、コミュニティ自体を永続させていく地域循環型社会の在り方を考察することができる。

子どもが動き出す発問・学習課題

《クイズで中身を確認する発問》

Q: ユーカリが丘では、広い宅地を開発しているのに、年間200戸程度しか販売していない。なぜ200戸程度しか売り出さないのだろうか？

高度経済成長期に、都市郊外で大規模なニュータウンが開発され、地方から働きに出てきた人々にたくさんの住宅を供給した。それから約50〜60年が経過し、住民の減少と高齢化が進んだ古いニュータウンでは、再開発を必要とするほど荒廃しているところもある。販売戸数を限定し、まちを構成する人々の年代をコントロールすることで持続可能な住宅団地にすることをねらっている。

SDGsにつなげるポイント

・通常の住宅ビジネスであれば、開発した宅地を一時期に集中して分譲し、家を買った親世代の一代限りとなるものがほとんどである。子や孫が家を出て行き、新たにまちにやってくる住民もいない状況が続くことでまちは高齢化し、活力を失っている。コミュニティの存続は、住民の新陳代謝、世代交代がうまくいくところにある。（目標11、12）

SDGsをアクティブに学ぶ！

《SDGsリンク＝深い学びの学習課題Q》

・ユーカリが丘では、住み続けられるまちにするために、まちにどのような機能が整えられているだろう。【参考資料①】や【参考資料②】を見て調べてみよう。

《事実の深掘り発問》

・住民がまちに愛着を持ち、本当に活気のあるまちとなるには、企業が生活のハード面を整えて様々なサービスを提供するだけでは実現できない。ユーカリが丘の住民が生き生きとこのまちで暮らしているポイントは何だろう？【参考資料②】のなかにある住民へのインタビューやまちづくりの取り組み事例から考えてみよう。

《新しい時代の学びへのアイデア》

・高度経済成長期の象徴とも言われる東京都板橋区の高島平団地では、UDCTak（アーバンデザインセンター高島平）【参考資料③】というまちづくりのプラットフォームが設立され、民（町会・商店街）・学（大学・研究者）・公（板橋区、UR都市機構）が協働してまちの再開発に取り組んでいる。UR都市機構と無印良品による住宅団地のリノベーション【参考資料④】も行われており、都市部における持続可能な地域づくりの事例として比較するとよい。

《参考資料のQRコード》

●①③④はそれぞれの公式サイト、②はBSジャパン放映「『子どもが育つ街』をつくれ 持続可能な街への挑戦 山万ユーカリが丘」（29分）である。

SDGsにつなげるポイント

・子育てサポート（保育園、学童保育、子育て支援センター、遊び場）から高齢者サポート（介護施設、老人ホーム、在宅支援センター、病院）まで全世代への福祉サービスを提供し、現役世代がしっかりと仕事に取り組めるようにしている。（目標3、11）
・騒音、振動、排気ガスを出さない新交通システムを導入し、大学・企業と連携してクリーンエネルギーを活用したコミュニティバスの実証実験・運行をしている。（目標7、17）
・ハッピーサークルシステムでライフスタイルに合わせた住み替えが容易にできる。（目標12）
・民（NPO、住民ボランティア）公（行政、学校、警察、消防）企業（自社のセキュリティチーム）の三位一体で防犯体制の連携をとっている。（目標17）

（山口 康平）

山深いまちになぜ移住者が集まってくるのだろう？

―日本の田舎をステキに変える！神山プロジェクト―

クローズアップ

▶創造的過疎

▶地方創生

▶地域経済の循環

社会科学習におけるSDGs

　徳島県名西郡神山町は、2014（平成26）年に「日本創成会議」が発表した「消滅可能性都市」のランキングで第20位に位置づけられたまちである。実際、市町村合併でまちが誕生した1955（昭和30）年に20,502人あった人口は、2021（令和3）年8月1日時点で5,044人へと減少している。高齢化率48％の神山町に近年、都会から次々と若者が移り住み、全国からの視察も相次いでいる。神山におけるまちづくりのキーワードは「創造的過疎」。まちづくりの取り組みで中心的な役割を担っているNPO法人グリーンバレーの前理事長・大南信也氏の造語である。「日本全体が人口減少の時代に入っているなかで、過疎地域で人口を維持することは不可能である。しかし、外部から若者やクリエイティブな人材を誘致することで人口構成の健全化を図ったり、農林業だけに頼らない、多様な働き方が可能なビジネスの場としての価値を高めたりすることで、バランスの取れた持続可能な地域をめざす」という考えである。移住者と町民が中心となり、様々な地域プロジェクトが進められている神山の事例から地域づくりの本質をとらえさせたい。

子どもが動き出す発問・学習課題

《クイズで中身を確認する発問》

Q:神山プロジェクトのすべてはここから始まった！地元の小学校に伝わっていた「青い目の人形」を見て、当時、PTAの役員をしていた保護者たちは何をしただろう？

　人形が持っていたパスポートに記されていたまちの名前を手がかりにアメリカ・ペンシルバニア州ウィルキンスバーグの市長に「人形の贈り主を探して欲しい」と手紙を書いた。半年後、見つかったという連絡を受けると「アリス里帰り推進委員会」を組織し、30名の国際交流訪問団を結成して人形の里帰りを実現させた。この成功体験をもとに作った「神山町国際交流協会」がNPOの前身である。

SDGsにつなげるポイント

・1927（昭和2）年、日米親善の取り組みで、日本全国の小学校・幼稚園に約1万2700体の人形が贈られた。しかし、日米開戦により敵国の人形として多くが処分され、現在は300体余りしか残っていない。神山では女性教員が「人形に罪はない」と物置に隠して難を逃れたという。目標16の視点で国際交流の意義を取り上げるのもよい。

SDGsをアクティブに学ぶ！

《SDGsリンク＝深い学びの学習課題Q》

・移住者が増え始めるまでに、どのような取り組みが積み重ねられたのだろう？ NPO法人グリーンバレーの活動について調べてみよう。【参考資料①】

《事実の深掘り発問》

・神山では移住希望者をすべて、誰でも受け入れることはしない。逆にまちが必要とする職業や能力を持つ人材だけを選んで受け入れたのはなぜだろう？

・2015年以降、神山では様々な地域プロジェクトが同時並行で進行し、まちづくりの取り組みがさらに進化しているのはなぜだろう？

《新しい時代の学びへのアイデア》

・田舎に移住したが、うまく馴染めずに出て行ってしまったというケースが全国的によく見られるなかで、神山では非常に高い確率で移住・定住に成功している。【参考資料②】の情報を見て、住み続けられるまちづくりには何が必要なのかを探らせる。また、移住者の仕事ぶりや声、プロジェクト等を紹介する動画「神山つなプロ」を分担して視聴させ、成功の秘密を議論するのもよい。

《参考資料のQRコード》

●①地域づくりTV ② 「in Kamiyama（イン神山)」

　①はグリーンバレーの取り組みを15分程度にまとめた動画、②は神山へ移住したい人に向けて情報を発信しているWebサイトである。

SDGsに つなげるポイント

・移住成功までの5ステップ

Step1. 小さな成功体験の共有から、継続的に活動していくまちづくりの主体が形成される。

Step2. 町外の人と地元の人との交流を通して、移住希望者へのサポート体制が整う。

Step3. 移住者のターゲットを定め、住民自身が選んでいく。

Step4. 移住希望者の人材育成。

Step5. 移住・開業により地域内での経済循環が生まれる。

・「過疎地域には仕事がない→人口流出」からの逆転の発想で、自分の手に職を持つクリエイターをまず呼び込んだ。（目標8、9）

・2015年以降、地方創生戦略づくりをきっかけに移住者と町民、行政も一緒になって様々なプロジェクトが生まれ、さらに進化を続けている。（目標17）

（山口　康平）

目標 **11**　住み続けられるまちづくりを

四国で1番小さいまちが
なぜ国内外から注目されるの？

―ピンチをチャンスに変えた上勝町の持続可能なまちづくり―

クローズアップ

▶産業福祉

▶ゼロ・ウェイスト

▶住民参加のまちづくり

社会科学習におけるSDGs

　徳島県の山間部に位置する上勝町は、最も人口が多かった1950（昭和25）年には6,356人だったのが、2021（令和3）年8月1日時点には1,482人（高齢化率53%）へと減少し、四国で最も人口の少ないまちとなっている。しかし、驚くなかれ。国内外から上勝町へ視察に訪れる人は年間3,000～4,000人と「人口一人あたりの視察者が世界でいちばん多いまち」でもある。地域資源を活用して高齢者が生き生きと働く「葉っぱビジネス」は、まちに働きがいと経済成長をもたらしただけでなく、町民一人当たりの老人医療費が県内最低となり「産業福祉」として注目される。2003（平成15）年に日本で初めてゼロ・ウェイストを宣言し、生ごみはコンポスト等を利用して各家庭で堆肥化、その他は住民各自が「ごみステーション」に持ち寄って45種類以上に分別することで、リサイクル率80%超（日本の自治体で第2位）を実現している。内閣府「SDGs未来都市（2018年度）」に選定されている上勝町の持続可能なまちづくりは、SDGsの各目標が繋がりあっていることを掴める格好の事例である。

子どもが動き出す発問・学習課題

《クイズで中身を確認する発問》

Q:山間地域にある上勝町で、急速に過疎化が進んでいったのはなぜだろう？（ヒント:上勝町の85%は山地・森林）

　かつては薪や木炭を産出していたが、燃料革命により薪炭需要が減少した。1960年代からは植林を進め、木材生産に力を入れるようになったが、政府が1961（昭和36）年から段階的に木材の輸入自由化を行ったことで木材価格が暴落した。林業の壊滅的な衰退により、最盛期には580人いた林業従事者が2008（平成20）年には23人に。町内に12あった製材所も2カ所となり、木質チップをつくる工場もなくなったことで200人近くの雇用が失われた。

SDGsにつなげるポイント

・日本の森林には自給できるだけの木材があるにも関わらず、海外から木材を輸入している。日本の木材自給率は、最低だった2002年の18.8%から2019年の37.8%へと回復傾向にあるものの、間伐などの手入れがされず「緑の砂漠」と呼ばれるほど荒廃している森林も多い。持続可能な林業は生態系の維持や防災にもつながっている。（目標15）

SDGsをアクティブに学ぶ！

《SDGsリンク＝深い学びの学習課題Q》

・過疎による林業衰退に加え、寒波で特産のみかんの木が枯れて絶体絶命のピンチを迎えた上勝町。そのピンチを救った「葉っぱビジネス・彩」成功の秘密を探ろう。

・リサイクル率80％超を実現するために、上勝町ではどのようなことを行っているか調べよう。

《事実の深掘り発問》

・「いっきゅうと彩の里かみかつ」をまちのキャッチフレーズにしている上勝町。いっきゅう（＝1Q）にはどのような願いが込められているだろう？

・「いっきゅう運動会」「いっきゅう塾」「1Qマップ」これらの取り組みが上勝町にもたらしたものは何だろう？

《新しい時代の学びへのアイデア》

・真に持続可能なまちとするには、若者を増やし、まちの人口を増やしていかなければならない。どのようなまちであれば自分は住みたいと思うか、どのような取り組みをすれば若者は集まってくるか等について、「上勝パラダイス宣言」の取り組み事例を分析し、生徒に議論させる。

《参考資料のQRコード》

●「上勝パラダイス宣言」

　上勝町が移住促進PRのために作成したWebサイトで、持続可能なまちづくりの事例分析に活用できる。上勝町ゼロ・ウェイストセンターや株式会社いろどり、参考文献のWebサイトも挙げておくので参照されたい。

SDGsにつなげるポイント

・地域資源に目をつけた"逆転の発想"だけでなく、ICTの活用がビジネス成功のポイントになっている。（目標8、9）

・住宅建材の供給、温泉での木質チップボイラー、学校での薪ストーブなど、町内産の木材利用をはかっている。（目標7、15）

・2005年から活動しているNPO法人がごみステーションとゼロ・ウェイストセンターの管理・運営、ゼロ・ウェイストに関する発信を行っている。分別したゴミを引き取り、資源化する企業との連携にも注目したい。（目標12、13、17）

・まちが抱える1つ1つの課題（1Q）を町民みんなが考え、一休さんのように知恵を使って解決していくコンセプト。住民参加の取り組みが、まちづくりの基盤となっている。（目標11、17）

（山口　康平）

目標 **12** つくる責任 つかう責任

三重県産茶葉100%のお茶は地産地消といえるか？

―地産地消とフードマイレージ―

クローズアップ

▶ 地産地消

▶ フードマイレージ

▶ エシカル消費

社会科学習におけるSDGs

　「目標12：つくる責任 つかう責任」の達成目標として「2030年までに天然資源の持続可能な管理及び効率的な利用を達成する。」が掲げられている。天然資源とは、原油などの無生物資源と農産物などの生物資源に分けられる。2019年末の世界の石油確認埋蔵量は、約50年になっており（日本原子力文化財団）、石油のような天然資源を効率よく利用していくことが今後求められている。さらに、日本の2018年の石油の用途の約44％が自動車に使われており（石油連盟）、資源の効率的な利用を達成するためには、自動車による人や物の輸送に対する問題意識を持たせる必要がある。

　社会科の学習においては、産業から見た日本の特色の学習で、交通網が整備されたことによって、地方が活性化したことを学習する。また、地産地消による地域の活性化も学習する。交通網が整備されることによって、地方の商品が日本中を移動してビジネスチャンスを生んでいる。この現状に対して、資源の効率的な利用の視点から考えさせたい。

子どもが動き出す発問・学習課題

《クイズで中身を確認する発問》

Q:このお茶は地産地消だといえるのだろうか（本校は三重県にある）。

・地産地消とは、「国内の地域で生産された農林水産物（食用に供されるものに限る。）を、その生産された地域内において消費する取組。」（農林水産省ホームページ引用）である。この定義にあてはめると、このお茶は地産地消である。

お茶のパッケージ写真

SDGsにつなげるポイント

・本校の給食には三重県産の牛乳が出る。地産地消である。しかしある日の給食に、紙パックのお茶が出た。コロナ禍の地元の生産者を支援するため、県産農水畜産物の利用に対して食材費を助成する事業のためだ。三重県産茶葉を100%使用したお茶の茶葉以外の部分に注目させながら、資源の効率的な利用の在り方について考えさせたい。

SDGsをアクティブに学ぶ！

《SDGsリンク＝深い学びの学習課題Q》

Q:お茶の茶葉が収穫されてから私たちの口に入るまで、どのくらいの距離を移動しているのだろう。

・商品の裏を見ると、製造所は茨城県の工場である。つまり、茶葉は三重県で収穫されてから、茨城県の工場で紙パック飲料に加工されて、三重県まで送り返されているということになる。

お茶のパッケージ
写真（裏）

《事実の深掘り発問》

Q: このお茶は地産地消だといえるのだろうか。理由も答えよう。

《新しい時代の学びへのアイデア》

・エシカル消費という活動がある。エシカル消費の視点の一つとして、国内のフードマイレージに着目させる。そして、自らの今後の消費の在り方を考えさせたい。

《参考資料のQRコード》

・地産地消については、農林水産省ホームページを参照。
・エシカル消費については消費者庁ホームページを参照。
https://www.caa.go.jp/policies/policy/consumer_education/public_awareness/ethical/about/
・日本原子力文化財団 「「原子力・エネルギー」図面集」
https://www.ene100.jp/zumen
・石油連盟 「今日の石油産業2020」
https://www.paj.gr.jp/statis/data/data/2020_data.pdf

SDGsにつなげるポイント

・農林水産省では、地産地消のメリットとして、「「生産者」と「消費者」の結びつきの強化」「地域の活性化」「流通コストの削減等」を挙げている。
・「流通コスト」には、費用面の他に、輸送距離の短縮による環境への負荷の面も含まれる。
・フードマイレージとは、輸入食糧の総重量と輸送距離を掛け合わせたものである。食料の生産地から食卓までの距離が長いほど、輸送にかかる燃料や二酸化炭素の排出量が多くなる。輸入した食料品に対する概念であるが、国内の食料品に対してもその概念を応用することで、地産地消の在り方にゆさぶりをかけたい。

（小暮　直也）

目標　**6**　安全な水とトイレを世界中に

世界一雨の多いまちで水不足。どうして？

―季節風と降雨量の関係性をとらえる学習から、
インフラ整備の重要性に気づかせる―

クローズアップ

- ▶アジア州
- ▶日本の気候
- ▶雨温図
- ▶季節風（モンスーン）
- ▶インフラ整備

社会科学習におけるSDGs

　世界人口の増加に伴い、水の使用量は今後ますます増加する見通しである。それにより、世界の水不足のリスクはさらに高まることが予想される。経済協力開発機構（OECD）の「OECD Environmental Outlook to 2050（2012）」によれば、水需要は2000年から2050年の間に、主に製造業の工業用水（＋400％）、発電（＋140％）、生活用水（＋30％）の増加によって、全体で55％の増加が見込まれており、2050年には、深刻な水不足に見舞われる河川流域の人口は、39億人（世界人口の40％以上）となる可能性もあると予測されている。日本は、多雨気候と森林資源の恩恵で水資源が豊富であるが、安全な水利用は、ダムや上下水道などの社会インフラの整備が十分になされてこそ成り立っているものだということに気づかせたい。本教材では、世界で最も降水量が多いまちの一つとされるインド北東部のチェラプンジを取り上げ、降水量の多い地域でも深刻な水不足が起こるという意外性から、貯水・治水の重要性と水資源の大切さを生徒たちに考えさせる契機としたい。

子どもが動き出す発問・学習課題

《クイズで中身を確認する発問》

Q：「晴れ」で喜ぶ人、「雨」で喜ぶ人は、それぞれどんな人たちだろう？

A：様々（状況による）。

Q：日本でいちばん晴れの日が多いのは、何県？

A：埼玉県（「快晴」の日が多い）または香川県（「晴れ」の日が多い）。

Q：日本でいちばん雨（降水量）が多いのは、どこ？

A：屋久島（鹿児島県）、尾鷲（三重県）、魚梁瀬（高知県）、えびの（宮崎県）など。

Q：世界でいちばん雨（降水量）が多いのは、どこ？

A：チェラプンジ（インド北東部・メガラヤ州）。

SDGsにつなげるポイント

・日本で生活をしていると、どうしても水資源の希少性に気づきにくい。そこで、「天気」に着目し、雨量が私たちの生活に大きく影響していることから、水の希少性についての気づきをはじめに促す。そこからしだいに視野を広げていくよう授業を展開し、世界の現状や将来への生徒の関心を喚起したい。

SDGsをアクティブに学ぶ！

《SDGsリンク＝深い学びの学習課題Q》

・世界でいちばん雨の多いまちの年間降水量はどのくらいか調べよう。→チェラプンジの年間降水量は、約12,000mm。1860年8月から1861年7月の1年間には、26,461mmという観測史上最高の年間降水量を記録。

・日本でいちばん雨の多いまちと世界でいちばん雨の多いまちの共通点を調べよう。→大量の湿気を含んだ夏の季節風（モンスーン）が吹き上げる山地の南斜面に位置する。

《事実の深掘り発問》

・なぜ世界でいちばん降水量の多いまちチェラプンジで、水不足が起こるのだろう？→湿った海風が吹く夏場は月間降水量が3000mmを超えるほどの豪雨地帯となる一方、乾いた陸風が吹く冬場は降水量が非常に少ない。貯水設備が未整備であること、森林破壊による山の保水力の低下などの要因から、夏の豊富な雨量を蓄えることができず、冬には水不足に陥ることが多い。

《新しい時代の学びへのアイデア》

・「チェラプンジの水不足解消プロジェクト」を企画するなど、調べたことを基に、問題を解決するための提案を行う活動などが有効であると考える。

《参考資料のQRコード》

● 「チェラプンジ滞在記」（村田文絵／日本気象学会資料）

　チェラプンジの気候や現地の人々の生活の様子が詳細に記されている。

SDGsにつなげるポイント

・世界地理であれば「アジア州の自然」、日本地理であれば「近畿地方の自然」などの学習で、この教材を効果的に使用できる。雨温図を活用して地形や気候の学習を進める中で、チェラプンジの事例を取り上げることにより、モンスーンがもたらす降雨のメカニズムを学びながら、環境と開発の共存の重要性に気づく視点を持たせることができると考える。世界地図を広げて、「雨量が多そうな所はどこだろう？」と予想を立てさせるなど、学力差が障壁とならないような問いかけやクイズなどを取り入れながら、生徒の気づきをつなげて展開していくのがよい。「チェラプンジに足りないもの」を考えることは、SDGs達成につながる課題解決の視点を身につける一助になるであろう。

第**3**章　「世界」の学習にリンク

（宮本　一輝）

なぜ、カンボジアの家が高床式から変わったのか？

―経済発展の影響を受ける住宅事情―

クローズアップ

▶ 高床式の住居

▶ 熱帯の暮らし

▶ 森林の減少

▶ 経済発展

社会科学習におけるSDGs

「目標15：陸の豊かさも守ろう」の達成目標として、「2020年までに、あらゆる種類の森林の、持続可能な形の管理をすすめ、森林の減少をくいとめる。また、おとろえてしまった森林を回復させ、世界全体で植林を大きく増やす」が掲げられている。世界的にも南アメリカのアマゾン川周辺の地域に代表されるように、森林の面積は減少しており、カンボジアもその例外ではない。NASAによると、2001年から2014年の間のカンボジアの年間森林損失率は14.4%であり、合計144万haの森林が失われている。その原因は、森林伐採及びその輸出だけではない。森林伐採を行った跡地で、経済発展のための農園や工場が建設されていることにある。

社会科の学習では、暑い地域の学習を行う。その際、伝統的な住居の作りに注目して、暑い地域の生活の特色や工夫に迫る。ただ、伝統的な住居は多くの地域で減少している。その理由を考察させることで、伝統的な住居の減少と森林の減少に関連があることにも気づかせたい。

子どもが動き出す発問・学習課題

《クイズで中身を確認する発問》

Q:カンボジア、タイ、フィジーの3つの国はどのような気候だろう。

A:気温が高い、暑い、熱帯。

Q:カンボジア、タイ、フィジーの3つの国の伝統的な住居はどんな家だろう？

A:高床式。

SDGsにつなげるポイント

・カンボジア、タイ、フィジーともに熱帯に属しており、日本よりも気温が高い。そのため、伝統的な住居は暑さ対策のため、高床式である。例えば、東京書籍の教科書は、熱帯に高床式の住居が多い理由として、風通しの良さを挙げている。

カンボジア高床式の住居
2018年 筆者撮影

SDGsをアクティブに学ぶ！

《SDGsリンク＝深い学びの学習課題Q》

Q:カンボジアの人々が住んでいる高床式の家。教科書に書かれている以外のメリットは何だろう。

・①雨季に家が水に浸からない　②害虫やネズミ、蛇の侵入を防げる　③物を置ける　④日陰で休める……などのメリットがある。

《事実の深掘り発問》

Q:木材で作られた高床式のカンボジアの伝統的な家は、メリットばかりにもかかわらず、なぜ近年建てられている家はレンガやコンクリート製の家が多いのだろう。

・岩城氏は、タイ、バンコクの高床式の住居が減少している理由として、洋風住宅の流行や土地の効率的な利用などを挙げている。この論を応用すれば、木材の高騰以外にも考察の幅を広げることもできる。

《新しい時代の学びへのアイデア》

・GoogleEarthのタイムラプス機能を使うと、1984年～2020年までの地球の変化の様子を見ることができる。カンボジアだけでなく、世界各地の森林が減少している様子を視覚的に理解させるのに適している。

《参考資料のQRコード》

●NASA Earth Observatoryでは、カンボジアに限らず地球の衛星画像や気候や環境に関するデータを提供している。

・上田広美・岡田知子編『カンボジアを知るための62章 第2版』(明石書店、2012年)

・岩城考信『バンコクの高床式住宅』(風響社、2008年)

（小暮　直也）

SDGsに つなげるポイント

・カンボジアの都市シェムリアップでは、木材が材料の伝統的な高床式の住居よりも、レンガやコンクリート製の高床ではない住居が建設されている。

・2018年にシェムリアップで取材した。「レンガで作られた家と比べて、木材で作られた家は建設費用が2倍になる。」「森林が減って木材の価格が上がっている。」「シェムリアップは観光地で、地価の上昇が続いており、木材をたくさん使う伝統的な家を作る余裕がない。」という情報を現地の方から聞くことができた。

・カンボジアの森林の減少の主な理由はゴム農園建設に伴う森林破壊である。

目標 **9**　産業と技術革新の基盤をつくろう

経済成長しているインドに スラムがあるのはなぜだろう？

—インドの急速な経済成長と都市・居住問題—

クローズアップ

- ▶スラム
- ▶インド
- ▶経済成長
- ▶都市・居住問題

社会科学習におけるSDGs

　アジア州では、世界の人口の約6割を占めており、安価な賃金による労働集約型産業の発展や教育の充実，豊かな鉱産資源，政府主導の外資導入などを背景にして，急速な経済成長がみられる。例えば教育の水準を高めているインドでは、アメリカとのソフトウェア共同開発を背景に、カースト制度にとらわれないICT関連産業が発展している。

　しかし、経済成長にともない、都市人口が急激に増加している。地方や農村部で暮らす人々は、仕事や収入を求めて都市部にやってくる。このため、交通渋滞や大気汚染，スラムの形成などの都市・居住問題が生じている。労働力の需要を超えた都市人口の急激な増加に、都市のまちづくりが追いついていない。世界で10億人以上が暮らすスラムは、水・電気・ガスなどの公的インフラが整備されておらず、治安が悪く衛生環境が悪い場所である。

　社会科学習では、急速に経済成長を続けるインドのスラムを取り上げ、都市・居住問題の現状と原因を理解し、スラムの問題を解決するための取り組みを考えさせたい。

子どもが動き出す発問・学習課題

《クイズで中身を確認する発問》

Q:インドに持って行ったほうがいいアイテムは？

⇒マスク（自動車の交通量が多い、乾燥・砂埃）、首から下げる懐中電灯（停電が多い）、帽子・サングラス（夏場の日差し）、除菌ウェットティッシュ（手洗い場がない所も）、スポーツドリンク粉末（熱中症対策）、トイレットペーパー（下痢をしてしまう）、折りたためる長靴（水はけの悪い道）。

Q:日本人が車を運転してはいけないのはどうして？

⇒鳴り続けるクラクション、信号無視、猛スピード、免許証はお金で買えるため、危険だから。

Q:都市部のスラム在住者率は何%？　⇒5.41%（2018年）。

SDGsにつなげるポイント

・インド進出日系企業数が627社（2009年）→1454社（2019年）と大幅に増加しているように、日本とインドとの政治的・経済的な結びつきが近年高まっている。

・スラムや交通事情の写真や動画を用いて、インドの都市・居住問題を認識させたい。

《SDGsリンク＝深い学びの学習課題Q》

・インドの経済都市であるムンバイにおけるスラムの写真と動画を見て、気づくことを挙げてみよう。

⇒簡易の家、ゴミが散らかっていて不衛生、列車が近くを通っている、子どもたちの笑顔・電気・ガス・水道がない、治安が悪い、スラムの向こう側に高層の建物が見える、等。

Q:インドのスラム問題に対して、政府にはどのような取り組みが求められるだろうか？

⇒住宅建設、低利の住宅ローン、インフラ整備（電気・ガス・上下水道）、廃棄物処理、災害対策、就労支援、等。

《事実の深掘り発問》

Q:インドのICT関連産業が発展してるのはなぜ？

⇒①数学教育や技術教育に力を入れているから、②職業が限定されるカースト制度は新しい産業に大きく影響しないから、③インドと12時間の時差があるアメリカと共同でソフトウェアを開発しているから。

・どんな日系企業がインドに進出しているのか調べよう。

《新しい時代の学びへのアイデア》

・インドでは、目標2「飢餓をゼロに」と目標5「ジェンダー平等」の解決が重要課題となっている。

《参考資料のQRコード》

● 「SDG INDIA」

　インド政府のシンクタンクNiti Aayogが、SDGsに関する目標と現状について年次レポートを発表している。

SDGsにつなげるポイント

・インドは、飢餓の解消、ジェンダー平等、イノベーション創出などをはじめ、SDGsで様々な課題を抱えている。各国の達成状況を表した「SDGs指数」におけるランキングにおいても、インドは162ヵ国中115位となっている（2019年）。15位である日本は国内の改善だけではなく、国際協力や海外事業展開などを通じて、インドを含む発展途上国のSDGs達成に積極的に貢献していくことが求められる。

・SDGs達成に向けインド政府は、公共事業を通じた貧困層に有期雇用や職業訓練サービス、乳幼児に無償の食事・医療・教育、学校給食プログラムを提供している。また、外資誘致を通じた新技術の導入を図っている。

（田中　大雅）

目標 **1** 貧困をなくそう

なぜスラム住民は増え続けるのか？

―SDGsの目標と関連させ、フィリピンのゴミ山問題を探る―

クローズアップ

▶スラム
▶ゴミ山
▶フィリピン
▶NGO
▶LOOB

社会科学習におけるSDGs

　世界人口の半分以上が都市部で暮らしており、2050年までに都市人口は全人口の3分の2となる65億人に達する見込みである。過密、住宅不足、インフラの劣化、大気汚染の悪化などの都市化がもたらす課題に対処するとともに、すべての人が基本的サービスや安全な住宅を利用できるよう、都市計画や管理を改善することが必要である。

　目標11「住み続けられるまちづくりを」のターゲット11・1には、「2030年までに全ての人々が、適切で安全・安価な住宅と基本的サービスを確実に利用できるようにし、スラムを改善する。」とある。現在のスラム住民は約8億3300万人で、今後も大幅な増加が予想されている。ここでは、フィリピンのゴミ山（スモーキーマウンテン）で暮らす住民に着目し、スラム問題の複雑性に迫らせたい。ゴミ山における劣悪な住環境は、健康面だけではなく、経済状況や教育水準にも大きな影響を与え、貧困の連鎖を生み出している。SDGsの目標に基づいた発問を設定し、フィリピンのゴミ山問題を探究させる中で、目標が相互に関連付いていることを捉えさせたい。

子どもが動き出す発問・学習課題

《クイズで中身を確認する発問》

Q:スラムとは何か？

・都市部にある貧困層が集まって住んでいる地域。

Q:現在スラム住民は世界で何人いるか？

・約8億8300万人（約9人に1人で、その多くは東アジアと東南アジアにいる）。

Q:2030年、スラム住民は何人になるのだろうか？

・約20億人に達すると推測されている（特にアジアでは経済成長に伴い、地方から労働力として都市部に多くの人口が流入している。その多くは、思ったような職や収入が得られず、スラムの住人になることが多い）。

SDGsにつなげるポイント

今後数十年間の都市膨張の95%は開発途上地域で起きるとみられている。劣悪な住環境は、衛生状態を悪化させ、病気（感染症）のリスクを高める。住居が利用できなければ、自由な経済活動を行うことも難しく、子どもの教育費が捻出できない。スラム問題を事例として、個別の社会的課題が相互に結びついていることを捉えさせたい。

SDGsをアクティブに学ぶ！

《SDGsリンク＝深い学びの学習課題Q》

【目標11「住み続けられるまちづくりを」の視点から】

・なぜゴミ山のスラム住民は増え続けるのか？（中心発問）

《事実の深掘り発問》

【目標1「貧困をなくそう」の場合】

・ゴミ山の生活はどのようなものか？

　　・フィリピンのスラム住民の多くが貧困線の生活を営む。
　　（5人家族で、月収約6000円～10000円程度）

　　➡十分な食料が手に入らない。教育費が捻出できない。

【目標4「質の高い教育をみんなに」の場合】

・ゴミ山の子どもは学校に通えているのだろうか？

　　・教育費が捻出できず、子どもが学校に通えないことも。

　　➡進学や就職に大きな影響、貧困の連鎖が起こる。

【目標8「働きがいも経済成長も」の場合】

・ゴミ山の住民はどのような仕事に従事しているか？

　　・資源ごみを回収するウェストリサイクラー。親の収入を
　　補填するため、子どもたちが資源ごみ回収に従事する。

《新しい時代の学びへのアイデア》

・日本国内における「雇用問題」「教育格差」の存在にも目
　を向けさせるきっかけとしたい。

《参考資料のQRコード》

●NGO団体「LOOB」のホームページ

　フィリピンのゴミ山の現状と支援プロジェクトの実際が掲
載されており、探究の資料としても非常に参考になる。

**SDGsに
つなげるポイント**

・一つの課題へのアプローチが他の課題の解決を促進する可能性に気づかせたい。

・事実の深堀り発問を探究する中で得た知識を関連付けながら、深い学びの学習課題に迫らせたい。

・一人ひとりの関心に応じた探究学習や、ジグソー学習を行うことも有効である。

・目標2「飢餓をゼロに」目標3「すべての人に健康と福祉」目標12「つくる責任 使う責任」の視点から問いを設定することも考えられる。

（中澤　尚紀）

なぜ、マサイ族の家の窓は小さいのか

―感染症と戦う人々の生活の工夫―

クローズアップ

▶ マサイ族

▶ マラリア

▶ 伝染病

▶ 公衆衛生

社会科学習におけるSDGs

　「目標3：すべての人に健康と福祉を」の達成目標として、「2030年までに、エイズ、結核、マラリアや、これまで見放されてきた熱帯病などの伝染病をなくす。また、肝炎や、汚れた水が原因で起こる病気などへの対策をすすめる」が掲げられている。マラリアとは「ハマダラカ」という蚊が媒介する、マラリア原虫による感染症である。主に熱帯で発生する感染症で2019年には、世界で年間約2億人がマラリアを発症し、約40万9000人が死に至っていると推定されている。マラリアによる死者数は年々減少しているものの、感染者の約90％がサハラ以南のアフリカで感染している（「World Malaria Report 2019」）。蚊による感染症といっても、現在の日本では縁遠いものがある。しかし、目標を達成するためには、蚊が感染症を広め人の命を奪っている現状を理解し、支援していく必要がある。

　社会科の学習においては、アフリカ州の学習で感染症を取り扱う。ケニアに住む人々の伝統的な生活に注目して、感染症と戦う人々の知恵から感染症の現実をとらえさせたい。

子どもが動き出す発問・学習課題

《クイズで中身を確認する発問》

Q:ジャンプ力が高い、すごく視力がいい。何という民族のことだろう。

A:マサイ族。

Q:マサイ族が住んでいるのはどこだろう。

A:ケニア、タンザニア。

Q:マサイ族は何を食べているだろう。

A:牛乳、牛の血、牛。

ツァボイースト国立公園のマサイ族の村
2011年 筆者撮影

SDGsにつなげる**ポイント**

・海外旅行に行ったことがある生徒がいても、アフリカ大陸に行ったことがあるという生徒はまれだ。さらに、テレビやインターネット上から得られる情報も限られている。そのようなアフリカと生徒を近づけるために、簡単なクイズを導入に使い、徐々にアフリカの世界観に浸らせていきたい。

SDGsをアクティブに学ぶ！

《SDGsリンク＝深い学びの学習課題Q》

Q:マサイ族の家の材料は何だろう。なぜ、その材料を使っているのだろう。

・土、木、わら、牛糞などを使用している。牛糞を使用する目的は、身近な材料であることと建物の腐食予防である。また、熱帯で乾季が長い地域のため、材料に木材は少ない。

《事実の深掘り発問》

Q:マサイ族の家にはランプなどがなく、部屋の中が薄暗いにもかかわらず、どうして家の窓が小さいのだろう。

都市の寝室　2011年筆者撮影

マサイ族の寝室　2011年筆者撮影

《新しい時代の学びへのアイデア》

・GoogleEarthで「これはマサイ族の家、ボマです」と検索すると、マサイ族の村や住居の中を見られる。ただし、この村の住居には窓がない。マサイ族の居住地域は広範囲なので、気候によって住居の作りも異なるからである。

《参考資料のQRコード》

●WHO「World Malaria Report 2019」

・認定NPO法人Malaria No More Japanが「World Malaria Report 2019」の概要の邦訳をホームページに公開している。

・永松真紀『私の夫はマサイ戦士』（新潮社、2006年）

（小暮　直也）

SDGsにつなげるポイント

・マサイ族の住居の窓はとても小さい。さらに、ランプ等もないので、部屋の中は薄暗い。しかし、マサイ族は太陽と共に生活するため、薄暗さは問題にはならない。むしろ、窓を大きく作ることによってハマダラカの侵入の許してしまうことが問題である。

・ケニアの都市に住む人々の寝室とマサイ族の寝室を比較すると蚊帳がないことが分かる。蚊帳を使用していないマサイ族にとってのマラリア対策が、家の工夫であるという点に着目させたい。

・マラリアの対策として、殺虫剤処理蚊帳を配布する活動がアフリカで行われている。

目標　**4**　質の高い教育をみんなに

子どもたちが学校に行けないのはどうして？

―水汲み労働に時間を奪われる人たち―

クローズアップ

- ▶ 安全な水
- ▶ 児童労働
- ▶ プランテーション
- ▶ 学校教育

社会科学習におけるSDGs

　現在世界の人口は約70億人で、そのうち約9億人の人々が安全な飲料水を得ることができない（1人1日20リットルの水を確保できる場所が1km以内にない）。この場合、生活に必要な水を得るための労働が求められる。水は生命維持に欠かせないため、水汲み労働はあらゆる労働に優先され、女性や子どもがその役割を果たしている。そのため、水汲み労働で時間を奪われる子どもは学校に行くことができず、女性は様々な職業に就く機会を失うことになり、国の経済発展の障害となっている。つまり安全な水の確保ができないことは、子どもたちの就学率が低かったり、女性の社会進出が阻害されたりする要因となっている。発展途上国では、生活に必要な水を得るための井戸の掘削事業や、コレラや赤痢を防ぐための下水道事業が求められている。社会科学習では、アフリカ州・ガーナのプランテーションとしてカカオ豆農園で働く子どもを取り上げ、私たちが手にするチョコレートと児童労働との関わりを理解し、水汲み労働から解放され、学校教育を受けられるようにするための取り組みを考えさせたい。

子どもが動き出す発問・学習課題

《クイズで中身を確認する発問》

Q:世界には衛生施設であるトイレを利用できない人がどれくらいいるだろうか。　⇒23億人。

Q:カカオ豆農園で働く少年労働者が朝1番に行う仕事は何だろう。　⇒水汲み労働。

Q:ガーナでは何%の子どもたちが小学校に通えるだろう？　⇒84%。※農村部の非識字率は6割以上

Q:日本でチョコレートを作っている会社は、どんなCSR活動（企業の社会的責任による活動）をしているのだろう。　⇒学校の建設、井戸の寄贈、カカオの苗木配布、児童労働の監視するための割増金を上乗せしたカカオ豆の調達。

SDGsにつなげる**ポイント**

・ひどい衛生環境と安全でない水により、毎年200万人以上が下痢性の病気で亡くなっていることを説明する。

・フェアトレードを取り上げ、発展途上国の人々の生活を守り、環境に配慮した持続可能な発展ができる貿易の推進が目的であることを理解させたい。

SDGsをアクティブに学ぶ！

《SDGsリンク＝深い学びの学習課題Q》

Q:安全な水を利用できるようになれば、そこに住む人たちにどんな恩恵をもたらすのだろうか。

⇒安全な水・トイレがないことで、赤痢やコレラなどの感染症を引き起こす。川や池から水を汲む労働で、教育を受ける時間を奪うことにつながる。

Q:水汲み労働から解放するためにどのような取り組みが必要だろう。

《事実の深掘り発問》

・安全な水資源を利用できる人口の割合について、世界地図に4色で塗り分けてみよう。

⇒家から30分以上離れたところから水を汲んだり、川や湖の汚れた水を使ったりする人が6億6300万人いる。

Q:ユニセフは安全な飲み水を利用できるためにどんな給水施設を建設し、その給水設備を長期間使い続けるためにどんな取り組みを行っているだろう。

《新しい時代の学びへのアイデア》

・DVD「世界がもし100人の村だったら ディレクターズ エディション」（フジテレビ）では、ガーナのカカオ豆農園で働く少年が、1日6回の水汲み労働に従事している場面が取り上げられている。

《参考資料のQRコード》

●ユニセフ「安全な水を世界の子どもたちに」

　発展途上国における子どもたちの水環境について、動画を含めて分かりやすく解説している。

SDGsにつなげる**ポイント**

・安全な水が確保できることで、子どもたちの就学率を上げたり、女性の社会進出が促進したりすることができる。

・基本的な給水サービスを利用できない国は、アフリカ州（サハラ以南の国）に多い。

・きれいな水を十分に確保するだけでなく、病気予防の知識を普及させて手洗いなどの衛生習慣を身につけたり、衛生キット（石鹸や洗剤など）を使用したり、井戸の管理と修理を共同で行ったりできることが大切である。

・本内容は、SDGs目標1, 4, 8, 10, 12とも関連している。

第**3**章　「世界」の学習にリンク

（田中　大雅）

目標 **16** 平和と公正をすべての人に

子ども兵士は加害者？被害者？

―レアメタルをめぐる地域紛争に巻き込まれる「子ども兵士」―

クローズアップ

▶レアメタル

▶地域紛争

▶子ども兵士

社会科学習におけるSDGs

　この数十年で携帯電話の小型化が進み、高性能のスマートフォンが登場している。私たちが毎日使用しているスマートフォンには、コンデンサやICチップ、バッテリー、振動モーターなどの部品があり、多くのレアメタルが使われている。例えば、レアメタルの一つであるタンタルは、コンデンサに使われることで、携帯電話の小型化に貢献している。しかし、レアメタルは資源の偏在性が高く、日本にとって地政学的リスクが高い地域に偏っていることが多い。タンタルの場合、コルタン鉱石から精錬されるものであり、その80%はコンゴ民主共和国に存在すると言われている。コルタン鉱石をめぐって、地域紛争が続いており、子ども兵士が動員されている。小柄で洗脳がしやすい子ども兵士は、危険な地雷原では兵の先頭を歩かされ、地雷除去装置とされている。子ども兵士の背景には、最低限の衣食住を求める貧困があり、扱いやすい小型武器の登場がある。社会科学習では、アフリカ州の地域紛争が私たちの生活と関わっていることを理解し、平和な世界を実現するための取り組みを考えさせたい。

子どもが動き出す発問・学習課題

《クイズで中身を確認する発問》

Q:どうして携帯電話が小さくなったのだろう？

　昔はアルミニウムでコンデンサが作られていたが、タンタルを使うことで小さく高性能なコンデンサを作れるようになった。

Q:レアメタルはどの国で採掘されるだろう？

　リチウム…オーストラリア（55%）、チリ（23%）

　タンタル…コンゴ民主共和国（41%）、ルワンダ（21%）

　タングステン…中国（82%）、ベトナム（6%）

Q:金やダイヤモンドが、自国と隣国の領土の間に存在すればどうする？　①奪い合い②話し合い③じゃんけん

SDGsに つなげる**ポイント**

・私たちが使用するスマートフォンの部品にレアメタルが使われていることを認識させ、地域紛争が私たちの生活と関わっていることを理解させる。

・レアメタルの偏在性が地域紛争の原因になっていることをおさえる。

SDGsをアクティブに学ぶ！

《SDGsリンク＝深い学びの学習課題Q》

Q:世界の子どもの何人に1人が紛争地域で暮らしているだろう？　9人に1人（約2.5億人）。

Q:世界には子ども兵士が何人いるだろう？
25万人。その30〜40％が少女兵。

Q:子ども兵士が存在する原因は何だろう？
レアメタルを巡る地域紛争、貧困、小型武器の普及。

《事実の深掘り発問》

Q:どうして子どもが兵士になるのだろう？

・子どもは純粋で洗脳しやすく、小柄で機敏だから。

・地雷原で先頭を歩かされ、地雷除けに使われるから。

・敵の油断を誘うことができるから。

・誘拐することで簡単に兵士の補充ができるから。　など

Q:子ども兵士は加害者？被害者？

・加害者…村を襲い、家を放火し、抵抗する者を殺害する（させられる）。

・被害者…目の前で親を殺される、麻薬を飲まされる、学校にいけない、拷問をうける（少女の場合、強制結婚やレイプなども）。

《新しい時代の学びへのアイデア》

Q:子ども兵士の問題を解決するために、何が必要だろう？

・武装集団と交渉し解放させること（ユニセフHPより）

・子どもの精神的ケア　・基礎教育　・職業訓練など

《参考資料のQRコード》

●認定NPO法人 テラ・ルネッサンス　本内容は「平和・開発教育アイデア集」（植松智子）を参考にしている。

SDGsにつなげるポイント

・目標16−2では、子どもに対する虐待、搾取、人身売買、あらゆる形態の暴力、そして子どもの拷問をなくすことが定められている。

・子ども兵士の現状を知ることで、地域紛争と、その背景について理解させたい。

・YouTubeでは、日本ユニセフ協会などによって（元）子ども兵士の声が多く取り上げられている。

・子ども兵士が社会復帰するために必要なことを考えさせることで、この問題が貧困や学校教育、水の衛生、保健などのSDGsの他の目標と関わっていることを理解させたい。

第**3**章　「世界」の学習にリンク

（田中　大雅）

目標 **16** 平和と公正をすべての人に

なぜ、銃乱射事件が
エルパソで起こったのか？

―アメリカにおけるヘイトクライム―

クローズアップ

▶ヒスパニック

▶ヘイトクライム

▶銃社会

▶移民

社会科学習におけるSDGs

　「目標16：平和と公正をすべての人に」の達成目標に「あらゆる場所において、すべての形態の暴力及び暴力に関連する死亡率を大幅に減少させる。」が掲げられている。朝日新聞DIGITALの2020年11月17日付の記事を見ると、2019年の米国内のヘイトクライム（憎悪犯罪）が7314件発生しており、2009年以降最多となっている。この問題の原因の一つにアメリカに住む多様な人種に対する差別がある。主に白人による、黒人やヒスパニック、アジア系の住民を狙ったヘイトクライムが多く、死者の数も少なくない。

　日本でも、「ヘイトスピーチ規制法」が2016年に施行されるなど、ヘイトクライムに対して厳しい目が向けられている。学校においても、世界や日本における人種による差別の現状を理解させる必要がある。

　社会科の学習においては、北アメリカ州の学習で人種の分布などを学習する。アメリカ特有の銃社会という問題とも関連させながら、人種の分布とヘイトクライムを結び付けて考えさせたい。

子どもが動き出す発問・学習課題

《クイズで中身を確認する発問》

Q:2019年8月3日にアメリカのウォルマートでおきた事件は何だろう。

A:銃乱射事件。

・2019年8月3日にアメリカで発生した銃乱射事件を取り扱う。この事件は、白人のパトリック容疑者（21）がテキサス州エルパソのウォルマートで銃を乱射し、22人が殺害されたというものである。

・アメリカ国民は銃を所持できる法的な根拠は、合衆国憲法修正第2条である。この解釈により、州によって銃の販売が認められている。

SDGsにつなげるポイント

・事前にアメリカの産業の学習で大企業のウォルマート（スーパーマーケット）を学習しておく。直前に学習したスーパーマーケットで事件が起きていることに、生徒は驚きと興味を感じる。ちなみに、州にもよるがウォルマートは銃を販売しているスーパーマーケットで、そこで銃が乱射されるとは皮肉な出来事でもある。

SDGsをアクティブに学ぶ！

《SDGsリンク＝深い学びの学習課題Q》

Q:なぜ、パトリック容疑者はテキサス州のエルパソを選び犯行に及んだのか？

・エルパソはヒスパニックの割合が高いエリアである。パトリック容疑者はヒスパニックに恨みを持っていたため、このエリアを選んで犯行に及んだ。

《事実の深掘り発問》

Q:アメリカにおいて優遇されがちな白人であるにもかかわらず、なぜ、パトリック容疑者はヒスパニックの人々に恨みをもち、犯行に及んだのか。

《新しい時代の学びへのアイデア》

・少子高齢化が進んでいる日本では、「今後の労働力として移民に頼るべきだ」という意見がある。アメリカにおけるヘイトクライムや、世界で起きる移民問題（例えば、ヨーロッパ州における移民問題）とも関連させながら、今後、日本で起こる可能性に目を向けさせる。そして、日本での公正な社会の在り方について考えさせたい。

《参考資料のQRコード》

●本稿の事件については、朝日新聞GLOBE＋「米テキサス銃乱射事件、犠牲者は私だったかもしれない」を参照。

・大類久恵ほか編『新時代アメリカ社会を知るための60章』（明石書店、2013年）

・朝日新聞DIGITAL（2021年9月10日最終閲覧）。
（https://www.asahi.com/articles/ASNCK3DF7NCKUHBI001.html）

SDGsに つなげるポイント

・2021年8月14日付の読売新聞に、米メディアが1970年に調査開始して以来、2020年に白人の人口が初めて減少し、全人口に占める割合も6割を切ったという記事があった。ヒスパニックは、2010年に比べて23％増加の約6200万人になり、その結果、米人口の18.7％を占めている。

・ヒスパニックが増加することで、アメリカとしては安価な労働力が確保できる一方で、ヒスパニックの影響力の増加に対する懸念や、ヒスパニックが雇用されることによる就職率の悪化を懸念する動きもある。

（小暮　直也）

「8年後、昭和時代はどう語られるか」

　昭和は、日本の歴代元号の中で最も長く続いた元号。人の還暦60年が、出生時に還るという意味ならば、昭和の終わりは平成・令和への未来への出発点であるかもしれない。昭和に多くの歴史小説を著した司馬遼太郎は、昭和を「魔法の森」の時代と語った[1]。大正末から昭和20（1945）年まで日本は、魔法をかけられたように社会全体が戦争への道を歩んだことを指している。そして、日本は戦争の呪縛から逃れるように復興が成し遂げられる。また、歴史学界では遠山茂樹・今井清一・藤原彰らの昭和史論争から戦後の日本における歴史認識の問題をめぐって、歴史教育や歴史教科書が問題にされた[2]。1945年は紛れもなく昭和を語る画期であり、戦前・戦後を分けて捉える思考は、戦争への批判と反省、民主化と国際社会への復帰とその後の貢献を求めた。昭和生まれにとって、それ自体が歴史になっていくだろう。

　時代区分は、社会経済構成の転換を基礎におきながら、政治史の変化の画期をもって区切られる[3]。曖昧なのは「現代」であり、期間を示すことが困難である。もう遠くないSDGs完成が目指される8年後の2030年には、「現在の政体の一つ前の時代」である「近代」に昭和が組み込まれる日は近い、と言えるだろう。

（峯　明秀）

1　司馬遼太郎『昭和という国家』NHK出版、1998.

2　遠山茂樹・今井清一・藤原彰『昭和史新版』岩波新書、1959.

3　遠山茂樹『シンポジウム日本歴史22　戦後史』学生社、1971.

第2部

歴史単元にリンクする SDGs教材

なぜ、人々の間に格差が生まれてしまったの？

―平等な縄文時代から格差の古墳時代までをたどる―

クローズアップ

▶格差社会

▶限られた資源

▶歴史を学ぶ意味

社会科学習におけるSDGs

　歴史学習は教師や子どもにとって、SDGsのような現代の問題とは関係ないように捉えられがちであるが、授業展開を工夫することで、今とは違う社会の視座から、現代的課題を捉えなおすことができる。

　木の実や動物を少ない人口で分けていた縄文時代は、弥生時代の稲作伝来により、大きく変化した。水田を作るため、木の実のなる大切な森を伐採して水路を引き、自然を大規模に改変したため、もう戻ることはできない。その中から、稲作に関する資源・知識の有無や用水の引きやすさなど、限られた資源・一部の人だけがもつ知識の差から格差が生じ、争いが起きる。次第に、どれだけ大規模な古墳を作らせられるかが王や豪族の力を示すものとなり、格差は固定化する。

　以上の歴史からは、「格差は社会の仕組みの変化で生じる」、「限られた資源を求める社会には格差が生じやすい」など、現在を分析する視点が学べる。最近では、影響力のある著名人が、SNS上で生活保護利用者やホームレス等の貧困層への差別発言を載せ、一定の支持を得ている。格差の自己責任論で目を曇らせないよう、社会的要因に目を向けさせたい。

子どもが動き出す発問・学習課題

《クイズで中身を確認する発問》

Q:世界で一番お金持ちなのは誰だろう？また、お金に困っている人はどのくらいいるのだろう？

・Amazonを起業したジェフ・ベゾスで、日本円にして約19兆円の資産をもっている。世界の6人に1人の子どもが、1日約135円で生活する「極度の貧困」である。

Q:格差が生まれたのはどの時代からなのだろう？

・弥生時代や古墳時代から。古墳は「権力をもっている人だけが入ることのできる墓」である。

Q:その前の縄文時代では格差はあったのか？

・平等であった。大人も子どもも同じ墓に埋められた。

SDGsにつなげるポイント

・世界にある富の格差の現状をつかみ、その原因を探るために歴史を学ぶという展開で問いを考える。そうすることによって、子どもたちに歴史を学ぶ意味を実感させることができる。

・最近の考古学研究では縄文時代の一部地域に一時的に階層社会が出現した可能性が指摘されているが、長期的に見て階層差のない社会だったといえる。

SDGsをアクティブに学ぶ！

《SDGsリンク＝深い学びの学習課題Q》

・縄文時代に平等だった社会は、なぜ古墳時代になると格差のある社会になってしまったのか？

《事実の深掘り発問》

・縄文時代の人々は、何を食べていたのか？また、どのように調理していたのか？

・なぜ、動植物ばかりを食べていたのに、1万年以上も食べ物がなくなることなく生活できたのか？

・弥生時代の人々は、水田を作るためにどんなことをしたのだろう？田んぼには何が必要だろうか？

・なぜ、米作り中心の生活になると、指導者が登場し、争いが起きてしまったのか？

・なぜ、古墳時代に、王や豪族たちは大きな古墳を作らせるのか？また、なぜ王や豪族以外は古墳を作れないのか？

《新しい時代の学びへのアイデア》

・弥生時代のように「限られた資源」をみんなが求めることが格差の原因となっている事例、古墳時代のように社会的地位の高い者が、価値があると認められているもの（大きな建造物や高級ブランド品等）によって、力を示している事例を現代社会から探すと、現代理解がより深まる。

《参考資料のQRコード》

●国立歴史民俗博物館ホームページ

歴史研究の成果発信だけでなく、資料・データベースの閲覧や子ども向けの博物館の内容紹介映像もある。

SDGsにつなげるポイント

・縄文時代になぜ食料がなくならなかったか？と問うことで「持続可能な」視点を意識させることができる。その大きな要因の1つが少ない人口（今の約500分の1）であるが、そこから「少子化」が問題とされる現在を問い直すこともできる。

・子どもには「田んぼ＝自然」という認識が根強いが、弥生の水田は縄文が食料源にしていた自然の破壊によって成立したことは重要である。だからこそ、指導者のもつ「限られた資源」に頼るしかない格差構造が生じる。

・「限られた資源」の現代の事例としてはお金・水などが挙げられる。生まれた家庭や社会動向（コロナ禍による解雇等）など個人の努力とは無関係な要因で「限られた資源」を得られないことは現在でも同じだと学ばせたい。

（岩瀬　寛弥）

目標 **16** 平和と公正をすべての人に

戦争がなければ平和だといえるのだろうか？

―平和学の視点から江戸時代と現代を結び付ける―

クローズアップ

▶ 江戸時代

▶ 戦争

▶ 積極的平和

▶ 消極的平和

社会科学習におけるSDGs

　平和、安定、人権、法の支配に基づく社会制度は、持続可能な開発において重要である。生まれた国や地域、性的志向・性自認などを問わず、だれもが安心して暮らせるための制度やしくみの在り方に目を向けていく必要がある。SDGsの目標16のターゲットの一つ目には、「あらゆる場所において、すべての形態の暴力及び暴力に関連する死亡率を大幅に減少させる。」とある。ここからは、「戦争・暴力がない状態＝平和」がイメージされる。しかし、平和学の第一人者で「平和学の父」と知られるガルトゥングは、平和という概念を深部から理解するために「積極的平和」という考え方を提唱している。単に戦争のない状態を平和と考える「消極的平和」に対して、貧困・抑圧・差別などの構造的暴力がない状態を平和ととらえ、「積極的平和」と定義したのだ。江戸時代を、「平和」の概念を取り入れた問いを設定し子どもたちに探求させる。本単元では、江戸時代の「平和」が「統制」によって築かれたこと等に気づかせた上で、「平和」を享受できなかった人々の存在に目を向けさせたい。

子どもが動き出す発問・学習課題

《クイズで中身を確認する発問》

Q：「世界平和ランキング」（正式には「世界平和度指数（GPI）」）で日本は何位か？

・2021年度は12位（1位はアイスランド）

Q：第二次世界大戦後、一度も戦争をしていない国は何か国あるか？

・8か国（アイスランド・フィンランド・スウェーデン・ノルウェー・デンマーク・スイス・ブータン・日本）

Q：歴史上で戦争がほとんどない時代はあったのか？

・あった。江戸時代は約260年間大きな戦争がなかった。教科書の多くで「平和」「泰平」という表現が見られる。

**SDGsに
つなげるポイント**

第二次世界大戦後、日本は戦争をしていない数少ない国の一つであること、そのため日本は戦争のない平和な国というイメージが持たれているということを平和に関する意識調査などを活用しながら、理解させる。その上で、現代の日本と同じように戦争のなかったとされる江戸時代に目を向けさせ、学習課題へとスムーズにつなげたい。

SDGsをアクティブに学ぶ！

《SDGsリンク＝深い学びの学習課題Q》

・なぜ江戸時代は約260年間、「戦争」を防ぐことができたのだろうか？

・「戦争」がなかった江戸時代は「平和」だといえるのだろうか？

《事実の深掘り発問》

・なぜ江戸幕府は大名による反乱を防ぐことができたのだろうか？（大名配置・武家諸法度などに着目）

・なぜ江戸幕府は西欧諸国による侵略を防ぐことができたのだろうか？（幕府による鎖国政策に着目）

・なぜ江戸幕府は民衆による反乱を防ぐことができたのだろうか？（宗教統制・五人組・身分制度などに着目）

《新しい時代の学びへのアイデア》

・「平和」な状態とはどのようなものか？

・現代の日本は、江戸時代と同様に「戦争」はないが「平和」を享受できていない人もいるのではないか？

・学校生活の中にある「平和」ではないことって？暴力がなければ「平和」だと言えるのだろうか？

…以上は問いの一例である。現代における社会状況の中でどのような問題が起こっているのかを「平和」という視点から分析するためのきっかけとしたい。

《参考資料のQRコード》

●大阪府が作成した人権啓発冊子「ぶつかる力 ひき合う力」の中に、ガルトゥングの平和学が紹介されている。

（中澤　尚紀）

SDGsにつなげるポイント

江戸時代の「平和」が「統制」によって築かれたこと等に気づかせた上で、「平和」を享受できなかった人々（アイヌ・琉球の人々、被差別部落の人々、思想や行動を統制された庶民）の存在にも目を向けさせたい。

江戸時代における探究活動を通じて、貧困・抑圧・差別などの構造的暴力がない状態を意味する、「積極的平和」の考え方を捉えさせたい。

ガルトゥングの平和学では、個人に内面化されている社会構造・制度上の問題や、それらの問題を容認する姿勢も暴力に含んでいる。目標16のターゲットには、人権や法の支配に基づく社会制度についても触れられていることに留意したい。

第1章 「古代・中世・近世」の学習にリンク

目標 **11** 住み続けられるまちづくりを

循環型社会を実現するために、江戸幕府は何をした？

―江戸時代に築かれた循環型社会―

クローズアップ

▶ 循環型社会

▶ 持続可能な社会

▶ 森林保護

社会科学習におけるSDGs

　近年、江戸時代のエコな社会、生活様式に注目が集まっている。アズビー・ブラウンは、江戸の社会を次のように評価している。

　「江戸時代の日本人は実に賢明で美しいライフスタイルをもっていた。それを生んだ日本の伝統的な価値観や思考様式を理解することは、地球上のすべての人に大きな恩恵をもたらすにちがいない。江戸時代の日本人はすばらしい快挙をなし遂げ、それは世界を豊かにした。日本人はそのことを誇りに思うべきだ。」※1

　江戸時代初期は、現代の我々が直面しているのと同様に、エネルギー・水・資源・食糧・人口などの様々な問題を抱えていた。しかし、資源を大切にし、廃棄物を出さず、その中で生活を楽しみ、経済的に活気のある社会をつくり上げた。この社会をつくり上げたのは、日本の文化だけでなく、江戸幕府の政策によるところもあった。

　SDGsが注目されるはるか前に、江戸の社会は循環型社会を実現させていたのである。江戸の社会から学ぶことは多い。江戸の社会の仕組みを切り口に、SDGsについて考えさせたい。

子どもが動き出す発問・学習課題

《クイズで中身を確認する発問》

　「江戸時代に水洗トイレはない。トイレの後は、どのように始末したか？」

　答えは、糞尿を回収し、肥料にしていた。

　「同じ頃、パリではどのようにトイレをしていた？」

　答えは、室内で「おまる」を使用していた。そして、その後は、糞尿を溜めておく場所に捨てるが、窓から外へ投げ捨てていたという。イギリスでは、糞尿を投げ捨てるときに、一応声をかけてから捨てるのがマナーだったという。

　このクイズを切り口に、江戸の資源循環のサイクルを説明し、循環型社会であったことを確認する。

SDGsにつなげるポイント

　トイレという、子どもの興味をひきやすいネタから、資源の循環について考えるクイズである。糞尿の資源としての活用を切り口に、江戸時代の資源の有効活用、リサイクルを前提としたものづくり、環境保護の取り組み等に気づかせたい。

SDGsをアクティブに学ぶ！

《SDGsリンク＝深い学びの学習課題Q》

「幕府は、どのような政策を行っていたのだろう？」

　幕府は、「諸国山川掟」という法令を出し、木の根の掘り出しを禁止し、苗木の植林を命じている。また、各藩に山林の濫伐を禁止し、植林を義務付けている。幕府は、山林資源を資源・エネルギーとして利用しながら、その濫伐を防ぐ政策を行っていた。まさに、循環型社会、持続可能な社会を意図的につくっているのである。

《事実の深掘り発問》

「幕府が何もしなかったら、どうなっていただろう？」

　人口百万人を超える都市であった江戸を形成・維持するためには、相当の資源が必要であり、相当の廃棄物が出たはずである。森林破壊・自然破壊が起こったはずである。

《新しい時代の学びへのアイデア》

「現代の資源循環サイクルを探そう！」

　歴史学習で学んだ視点を現代に応用する学習である。資源を循環して利用することができているものを調べ、まとめ、発表することで、循環型社会、持続可能な社会を担っていくための現代の視点を学習する。

《参考資料のQRコード》

※1…アズビー・ブラウン『江戸に学ぶエコ生活術』CCCメディアハウス、2011年

●環境省HP

・原田伊織『日本人が知らされてこなかった「江戸」』SB新書、2018年

SDGsにつなげるポイント

江戸幕府の法令から、社会の仕組みを考える課題である。この法令が出る以前は、森林破壊が各地で見られた。幕府が法令を出すことによって、社会の仕組みのアウトラインをつくった。そして、江戸時代後期には、人々の生活に浸透し、循環型社会が実現したのである。「循環型社会を実現するために、必要なことは何か」という本質的な問い（Essential Question）を問うことで、歴史の学習を現代社会につなげ、最終課題である「現代の資源循環サイクルを探そう！」につなげたい。

（梶谷　真弘）

目標　**2**　飢餓をゼロに

飢饉はどうして起こり、幕府はどう対応したのか？

―松平定信の社会保障―

クローズアップ

- ▶社会保障
- ▶天明の飢饉
- ▶寛政の改革

社会科学習におけるSDGs

　松平定信の寛政の改革は、歴史の教科書にも登場する学習内容である。この寛政の改革を巡る評価については、賛否の分かれるところである。

　しかし、今回は社会保障という側面に着目する。江戸幕府の財政状況が非常に厳しい中、社会保障を充実させていた。寛政の改革の重点の一つが、少し前に起きた「天明の飢饉」による被害への対策と、飢饉によって生まれた生活困窮者の救済、以後それらの被害を減らすための対策である。天明の飢饉の犠牲者の数については諸説あるが、東北地方の藩では10万人近くにのぼるところもあったと言われている。そんな中、松平定信は、天明の飢饉の際に、白河藩主として領内の餓死者を出さなかった功績から、幕府の老中に抜擢されている。そして、幕府の財政が厳しい中、囲い米の制や人足寄場などの災害対策、社会保障政策を行った。

　寛政の改革を題材として、当時の社会システムと政府の政策を学習し、現代に求められる社会保障政策を考えさせたい。

子どもが動き出す発問・学習課題

《クイズで中身を確認する発問》

　2つの絵を順に提示し、「何の絵だろう？」と問う。そして、同時期の絵であることを伝え、「どうして？」と問う。

　天明の飢饉は、東北地方を中心に不作が続き、飢えに苦しんでいた。しかし、この飢饉は天災とは言い切れず、人災の要因もあった。それは、次の2点である。

・貨幣経済が浸透し、大豆などの商品作物をつくって商品として売る方が利益が大きく、商品作物をつくっていた。
・国内の流通システムが確立し、食糧は大都市に運ばれ、そこから地方へ順に消費されていくため、飢饉になると地方の食糧が不足した。

SDGsにつなげるポイント

　一枚は、天明の飢饉の際の飢えに苦しむ人々の様子である。もう一枚は、同時期に江戸で行われていた、今でいう「大食い大会」の様子である。この2枚の絵から、江戸は余るほど食糧があるのに、地方は飢えに苦しんでいる矛盾を考えさせる。

　2枚の絵を切り口に、江戸時代の社会保障について考えさせたい。

SDGsをアクティブに学ぶ！

《SDGsリンク＝深い学びの学習課題Q》

「災害時、幕府はどのような対応をしたのだろう？」

天明の飢饉を受け、老中に就任した松平定信は、「囲い米の制」を実施し、飢饉などの災害に備えて、普段から米を蓄えさせた。そして、飢饉などの災害が発生した際には、困っている庶民に配るようにした。これは、現代の社会保障の仕組み、中でも公的扶助に分類される制度の先がけである。

《事実の深掘り発問》

「松平定信は、どうして老中になったのだろう？」

松平定信が白河藩の藩主であったときに、天明の飢饉が起きた。その際に、日頃から蓄えさせていた米を庶民に配ることで、領内で餓死者を出さなかった。公的扶助の仕組みを既に整えていたのである。その功績が認められ、幕府の老中に抜擢された。

《新しい時代の学びへのアイデア》

「現代に必要な社会保障は何か？」

現代の社会状況を踏まえ、求められる社会保障のあり方を考える学習である。予算にも限りがあることを考慮し、どの問題に対してどのような支援が必要かを考えることで、歴史での学習を現代に応用する学習である。

《参考資料のQRコード》

●国立公文書館HP「天下大変」

・井沢元彦『逆説の日本史15』小学館、2012年
・拙著『経済視点で学ぶ歴史の授業』さくら社、2020年

SDGsにつなげるポイント

松平定信は、囲い米の制だけでなく、軽犯罪者の職業訓練所である人足寄場を設置するなどの政策も行い、生活困窮者への支援を行った。

松平定信の政策から「政府の役割は何か？」という本質的な問い（Essential Question）を問うことで、歴史の学習を現代社会につなげ、最終課題である「現代に必要な社会保障は何か？」につなげたい。

最終課題が徳川吉宗の頁（pp.72~73）と同じになっているのは、この単元を通して社会保障の視点を学習し、単元の最後に問うことを意図しているからである。

第1章 「古代・中世・近世」の学習にリンク

（梶谷　真弘）

目標 **1** 貧困をなくそう

サツマイモは、どうして広まったのか？

―徳川吉宗の社会保障政策―

クローズアップ

▶ 社会保障

▶ 飢饉対策

▶ 貧困者救済

社会科学習におけるSDGs

　サツマイモを切り口として、江戸幕府の社会保障政策の意義を学習する。8代将軍徳川吉宗は、享保の改革を行い、社会保障を充実させた。では、享保の改革とは、どのような改革だったのだろうか。

　当時の社会は、幕府の収入の柱であった金などの採掘量が減少し、人口増加も停滞、飢饉も発生するなど、今で言う不況期であった。幕府の財政も厳しい状況で、改革が必要であった。そんな状況に対して、徳川吉宗は、質素倹約をスローガンとする緊縮財政、新田開発や定免制、上げ米の制などによる税収増加政策などの改革を行った。

　この改革については、賛否両論があるが、特筆すべきは今で言う社会保障の充実である。厳しい財政状況の中、飢饉対策としてのサツマイモ栽培の奨励や、小石川養生所などの貧困者救済政策など、社会保障を充実させた。江戸幕府は、社会保障を充実させることが政府の役割であることを認識し、政策を行っていたのである。

　享保の改革をもとに、現代の貧困対策、社会保障政策を検討させたい。

子どもが動き出す発問・学習課題

《クイズで中身を確認する発問》

「サツマイモはどこから来たの？（原産地はどこ？）」

→原産地は、アメリカ大陸。

「日本には、いつ頃やってきたの？」

→江戸時代に入ってきたと言われている。

「どうして『サツマイモ』と言うの？」

→中国から琉球を経由して、薩摩（現在の鹿児島県）に初めてもたらされた。そのため、「サツマイモ」と呼ばれるようになった。当時は、「唐芋」、「甘藷」などと呼ばれていた。

「サツマイモを日本に広めたのはだれ？」

→徳川吉宗の政策によって、全国に広まった。

SDGsにつなげるポイント

子どもの身近なネタから、貧困対策について考えるネタである。

徳川吉宗の政策には、サツマイモの事例以外にも、子どもが興味を示しやすいものがたくさんあるため、それらを授業で扱うことで、享保の改革の全体像を理解しやすくなる。これらの政策を、現代とつなげて考えさせることが重要である。

SDGsをアクティブに学ぶ！

《SDGsリンク＝深い学びの学習課題Q》

「サツマイモは、どうして広まったのだろう？」

江戸時代には、何度も飢饉が起き、人々を苦しめていた。そこで、8代将軍の徳川吉宗が、飢饉対策としてサツマイモに目をつけ、青木昆陽に試作をさせ、江戸をはじめ全国に普及させた。この後に起こる天明の飢饉では、サツマイモが多くの人々の命を救ったと言われている。

《事実の深掘り発問》

「徳川吉宗は、他にどのような政策を行ったのだろうか？」

徳川吉宗は、今でいう社会保障政策を充実させている。その一つが、小石川養生所である。生活困窮者で、治療を受けられない患者に対して、無料で治療を行った。入院にかかる費用も無料だった。このように、徳川吉宗は、貧困者救済の政策を行っていたのである。

《新しい時代の学びへのアイデア》

「現代に必要な社会保障は何か？」

現代の社会状況を踏まえ、求められる社会保障のあり方を考える学習である。予算にも限りがあることを考慮し、どの問題に対してどのような支援が必要かを考えることで、歴史での学習を現代に応用する学習である。

《参考資料のQRコード》

●日本いも類研究会HP

・井沢元彦『逆説の日本史15』小学館、2012年

・拙著『経済視点で学ぶ歴史の授業』さくら社、2020年

SDGsにつなげるポイント

徳川吉宗の政策を通して、社会保障の必要性について考える学習である。

社会保障について考える際には、感情論ではなく、合理的な解決策の検討が必要である。そのため、「何に使うか」という視点だけでなく、「財源をどうするか」、「限られた予算をどのように配分するか」という視点も欠かせない。

「限られた予算の中で、どのような社会保障が行われるべきか」という本質的な問い(Essential Question)を問うことで、歴史の学習を現代社会につなげ、最終課題である「現代に必要な社会保障は何か？」につなげたい。

第1章「古代・中世・近世」の学習にリンク

（梶谷　真弘）

目標 **12**　つくる責任、つかう責任

持続可能な社会にするために、企業にできることは？

―伊庭貞剛（い ば ていごう）の取り組んだ、別子（べっし）銅山煙害問題―

クローズアップ

▶ **企業の社会的責任**

▶ **持続可能な社会**

▶ **公害問題**

社会科学習におけるSDGs

　日本の公害問題の原点とも言える足尾銅山鉱毒事件。足尾銅山鉱毒事件については、教科書にも記載され、この時代の負の側面として描かれている。これと同時期に起きたのが、別子銅山煙害問題である。

　銅の採掘を担った企業の責任者であった伊庭貞剛は、この問題に対して、煙害問題の全面解決をめざした。政府の殖産興業政策のもと、産業発展が第一と考えられていた当時としては、異例の決断であった。

　伊庭貞剛は、どのような思いで、この問題に取り組んだのか。伊庭貞剛は、次の言葉を残している。

　「別子全山を、もとの青々とした姿にして、これを大自然にかえさねばならない。」

　「目先の利益でなく、百年先を考えて行動する。」

　まさに、現代のSDGsの理念と合致する考え方である。伊庭貞剛の考えが、後を継ぐ経営者にも受け継がれ、問題の全面解決を達成するのである。伊庭貞剛の取り組みから、現代の企業の社会的責任について考えさせたい。

子どもが動き出す発問・学習課題

《クイズで中身を確認する発問》

足尾銅山鉱毒事件を学習後に、この題材を扱う。

クイズ①「別子銅山では、煙害問題が発生した。当時の企業の責任者であった伊庭貞剛は、どうしたでしょう？」

　　ア、気にせず銅の採掘を続行した。

　　イ、被害者に損害賠償して採掘を続行した（金で解決）。

　　ウ、別の場所へ移転した。

　　エ、銅の採掘を停止した。

答えは、ウ。当時は、国の発展が第一とされ、企業の利益が優先される風潮の中で、伊庭貞剛は製錬所を無人島に移すことで、問題の全面解決をめざした。

SDGsにつなげるポイント

足尾銅山鉱毒事件の後に学習することで、伊庭貞剛の決断は当時の常識を覆すものであったことが理解できる。また、移転費用は、銅山採掘で得られる利益の約2年分であった。しかし、伊庭貞剛は、目先の利益でなく、百年先の利益を考えての決断であった。

SDGsをアクティブに学ぶ！

《SDGsリンク＝深い学びの学習課題Q》

「別子銅山の採掘を巡る、立場ごとの意見を考えよう！」

・政府…（例）銅の採掘は、国の発展のために欠かせない。

・企業…（例）銅の採掘は、利益につながる。

・住民…（例）生活環境が悪くなるので、停止してほしい。

《事実の深掘り発問》

「なぜ、伊庭貞剛は、多額の資金を使ってまで、煙害問題の全面解決をめざしたのだろう？」

　目先のことだけを考えると損をしているように思えるが、百年先を考えることで、企業にも、住民にも、国にも、自然にも利益のある判断を行っている。

《新しい時代の学びへのアイデア》

「社会に貢献している企業は？－CSRグランプリ－」

　歴史の学習で学んだ視点を使って、現代の社会をとらえる学習である。CSR（企業の社会的責任）の取り組みは、各企業のホームページで見ることができる。CSRの取り組みを調べ、発表し、クラスごとにCSRグランプリを決定する。その際に、採点の基準を子どもたちがつくることで、歴史学習で学んだ見方・考え方を働かせる学習になる。

《参考資料のQRコード》

●別子銅山住友グループ広報委員会HP

・長谷川直哉「別子銅山煙害対策を巡る住友総理事伊庭貞剛の経営思想」『人間環境論集』16巻 法政大学人間環境学会、2016年、pp.95-124

・拙著『経済視点で学ぶ歴史の授業』さくら社、2020年

別子銅山煙害問題の学習を通して、企業の社会的責任について考える学習である。「持続可能な社会を実現するために、企業に求められることは何か？」という本質的な問い（Essential Question）を問うことで、歴史の学習を現代社会につなげ、最終課題である「社会に貢献している企業は？－CSRグランプリ－」につなげたい。

（梶谷　真弘）

目標 **16** 平和と公正をすべての人に

領土拡大は本当にもうかるのか？

―領土拡大の風潮に異を唱えた石橋湛山―

クローズアップ

▶ 植民地支配

▶ 自由貿易

▶ 共存共栄

社会科学習におけるSDGs

　石橋湛山は、戦前はジャーナリストとして日本の領土拡大政策を批判し、戦後は政治家として日本、そして世界の平和、共存共栄をめざした人物である。

　湛山は、当時の政策を「大日本主義」として批判した。「大日本主義」とは、日本が海外に領土を拡げ、繁栄をめざす考え方である。湛山は、これに対して、「小日本主義」を掲げた。領土拡大ではなく、国内の産業を充実させ、貿易による利益によって国を発展させていく考え方である。しかし、当時の厳しい言論統制の中で、湛山の主張は受け入れられず、主張もできない状況に追い込まれていく。

　社会科の学習においては、「戦争＝悪」という感情論による学習だけでは不十分である。そうではなく、湛山のように当時の状況を論理的・合理的に考える力をつけさせたい。そして、議論によってお互いが納得できる解決策をともに考えていく思考を身につけさせたい。その思考が社会の構造的矛盾に気づかせ、合理的な解決策を考えることにつながっていくのである。

子どもが動き出す発問・学習課題

《クイズで中身を確認する発問》

　2枚の写真を順に提示し、どこの写真かを問う。1枚は日本の東京駅の写真であり、もう1枚は満州の奉天駅の写真である。

　「どうして、こんなに似ているのだろう？」

　満州国建国の流れと当時の状況を学習し、満州国は事実上、日本の傀儡政権であり、日本は大陸への進出を図っていたことをつかむ。

　結局、日本はこの満州を巡る対立から国際社会で孤立し、泥沼の戦争に突き進むことになる。このような流れを大まかに学習する。

SDGsにつなげるポイント

　2枚の写真を切り口に、日本の領土拡大政策を学習する。ここでは満州国を事例として、そのおかしさ、満州や朝鮮、台湾に多額の資金が使われていること、現地の人々の意思にもとづくものではないことに気づかせ、領土拡大の負の側面を考えさせたい。

SDGsをアクティブに学ぶ！

《SDGsリンク＝深い学びの学習課題Q》

「満州、朝鮮半島の支配は、本当に利益を生むのか？」

当時、戦争に突き進む日本の中で、石橋湛山はデータに基づいて領土拡大を批判した。当時、海外の領土の維持費が国家予算の1割を占め、その土地で生まれる利益を大きく上回っていた。また、軍事費は国家予算の半分を占めていた。領土拡大よりも、アメリカ・イギリスなどとの貿易を充実させることの方が有益であると主張した。

《事実の深掘り発問》

「領土拡大は、本当にもうかるの？」

実は、当時、欧米列強も植民地支配にかかる費用に苦しんでいた。支配を維持する費用が現地で生まれる利益を上回っていたのである。経済的な利益を求めて始まった植民地支配は、経済的にも不利益が大きくなっていたのである。

《新しい時代の学びへのアイデア》

「『東アジア連合（仮）』のプランを考えよう！」

歴史の学習を、現代に置き換えて考える学習である。共存共栄をめざして、お互いが納得できる「win-win」のプランを考える。東アジアの具体的な状況を考慮し、お互いに利益のあるプランを合意できるように、立場ごとに交渉させる学習を行う。

《参考資料のQRコード》

● 一般財団法人　石橋湛山記念財団HP

・半藤一利『戦う石橋湛山』ちくま文庫、2019年

・拙著『経済視点で学ぶ歴史の授業』さくら社、2020年

（梶谷　真弘）

SDGsにつなげるポイント

当時の経済的なデータから、領土拡大の矛盾を考える学習である。経済的な利益を求めての領土拡大はデメリットの方が大きかったということが資料から読み取れる。

日本の領土拡大政策の学習を通して、真の共存共栄について考える学習である。「共存共栄のためには、どのようなことが必要か」という本質的な問い（Essential Question）を問うことで、歴史の学習を現代社会につなげ、最終課題である「『東アジア連合（仮）』のプランを考えよう！」につなげたい。

第**2**章　「近代・現代」の学習にリンク

目標 16 平和と公正をすべての人に

広島風お好み焼きから原爆が見える

―材料・屋号・店内の机から見てみよう―

クローズアップ

▶ 平和学習

▶ 戦争

▶ 原爆

社会科学習におけるSDGs

　広島風お好み焼き（以下、広島焼）は、以下の3つの特徴がある。

　第一に、材料である。混ぜ焼きの関西風と比べ、重ね焼きであることから使用する小麦粉は少量である。これは戦後、地方都市である広島には、小麦の配給が少なかったことに由来する。

　第二に、屋号である。広島焼屋は「〇〇ちゃん」という屋号が多い。これは、2つの説があるといわれている。1つ目は、戦争未亡人が、自身のニックネームを屋号にした説である。2つ目は、原爆による死者・行方不明者が多かったため、奇跡の再会を願って、大切な人のニックネームを屋号にした説である。

　第三に、店内の机である。関西は4人掛けで机の中央が鉄板になっていることが一般的だが、広島は巨大な鉄板があり、それは店主の調理場と客の皿を兼ねている。これは戦後、上下水道が未整備で、少ない家財道具で営業を始め、洗い物を減らすための工夫である。

　以上から、広島焼の3つの特徴は全て戦争や原爆と関連があることが分かる。広島焼を切り口とした平和学習を提案する。

子どもが動き出す発問・学習課題

《クイズで中身を確認する発問》

Q:1万世帯あたりのソースの消費量ランキング・お好み焼き店舗数ランキングの上位の都道府県はどこでしょう。

A:1位は共に広島県である。

Q:（関西風と広島風、2つのお好み焼きを比較する写真を提示して）広島焼はどちらでしょう？それはなぜ？

A:重ね焼きになっているものが広島焼です。

Q:広島焼には、どんな秘密が隠れているのでしょう。関西風と比べることで、違いが見えてきます。

A:材料・屋号（お店の名前）・店内の机の3つから、秘密をさぐっていきましょう。

SDGsに つなげるポイント

・広島焼に目を向けさせたい。左に例示した以外にも、1つのフロアが全て広島焼屋である「ひろしまお好み物語 駅前ひろば」や、建物全てが広島焼屋である「お好み村」のHPを紹介したり、オタフクソースが運営する「おこのミュージアム」の写真を提示したりするのもいい。

・広島県への修学旅行事前学習としても有効である。

SDGsをアクティブに学ぶ！

《SDGsリンク＝深い学びの学習課題Q》

Q:材料は、関西風とどう違うのだろう？

Q:広島焼屋に多い店名は何だろう？

Q:店内は、関西風とどう違うのだろう？

《事実の深掘り発問》

Q:広島焼に小麦粉が少ないのは、どうしてだろう？戦後の配給を手掛かりに考えてみよう。

Q:屋号に「○○ちゃん」が多いのは、どうしてだろう？原爆の死者・行方不明者を手掛かりに考えてみよう。

Q:鉄板の大きさが違うのはどうしてだろう？材料や洗い物を手掛かりに考えてみよう。

《新しい時代の学びへのアイデア》

・グーグルマップを使って、広島駅や八丁堀周辺と範囲を指定した上で、お好み焼き店を検索させることで、店舗数の多さをつかむことができる。同様に、ストリートビューを使ってバーチャル散歩も組み合わせることで、店舗の大きさや、店舗と店舗がすぐ近くにあることをもつかませることができる。また、下記も参照されたい。

《参考資料のQRコード》

●オタフクソースHP

広島風、関西風両方の材料やレシピが掲載されている他、お好み焼きに関する知識や、おこのミュージアムが入っている「Wood Egg お好み焼館」のバーチャル見学等、本学習におおいに活用できる。

（山方　貴順）

SDGsにつなげるポイント

・関西風お好み焼きとの比較を追究することで、戦争がみえてくるものとして、下の3点が挙げられる。① 材料、② 屋号、③店内の机、である。この3点に着目することができる発問を心がけたい。

・下記のQRコードには、レシピも掲載されている。宿題や、家庭科の調理実習等で子どもに作らせることで、材料や洗い物の差を体験的につかませることができる。

・平和という概念は、抽象度が高いため、理想論や机上の空論を述べて終わってしまうことがしばしばある。そうならぬよう、学習の出口では、今の自分には何ができるか、大人になったら何ができるかを考えさせたい。

第2章 「近代・現代」の学習にリンク

目標 **11**　住み続けられるまちづくりを

なぜ、オリンピック前に道路整備をするの？

―人口減少社会におけるインフラ整備のあり方を見つめ直そう―

クローズアップ

▶札幌オリンピック

▶人口減少社会

▶まちづくり

社会科学習におけるSDGs

　1972年に開催された冬季オリンピック札幌大会では、開幕に併せて札幌市営地下鉄の建設や各会場と市内中心部、千歳空港とのアクセス道路の整備が行われ、今の札幌市の交通網の中心を担っている。また、札幌オリンピック以降、さっぽろ雪まつりやスキーを中心に国内外の観光客は急増し、インバウンド収入を爆発的に増やすことができた。現在、札幌市では冬季オリンピック・パラリンピック2030年大会に向けた招致活動を行っており、これに併せてまちづくり計画も急ピッチで進め、将来を見据えて有形無形の長期的な利益を創出することを目指している。しかし、日本が人口減少に向かい始めた中で、オリンピックを開催してインフラ整備を進めることには賛否が分かれている。社会科の学習において、平和憲法をもつ日本が国際社会に果たす役割や老朽化が進むインフラ補修の必要性、高齢社会における住みよい交通環境について触れながら、オリンピックがもたらす国内外への影響を分析的に捉えていく。この学習を通して、歴史から学び、未来に向けたまちづくりのあり方を考える機会としていきたい。

子どもが動き出す発問・学習課題

《クイズで中身を確認する発問》

Q:戦後、北海道は「食料供給」「原材料供給」「人口」の三点でどんな役割を果たしたのだろうか。

「食料供給」…上川盆地・石狩平野の稲作や十勝平野の畑作、北見盆地・根釧台地の酪農を中心に全道各所で農業が発展し、日本の食糧庫となった。

「原材料供給」…エネルギー資源の石炭を皮切りに、沿海部に鉄鋼、造船、石油化学などの重化学工業、内陸部に食料品、乳製品、甜菜工業などの資源利用型工業が発展した。

「人口」…引揚者、被災者、失業者の受入地として人口が急増し、1945年に1位。46年から10年間は2位だった。

SDGsにつなげるポイント

・北海道が戦後日本に果たした役割について学習する中で、経済成長やまちづくりの発展に必要な産業振興と労働需要の高まり、その結果としての人口増加と生活保障を捉えることができる。この視点をもつことで、人口減少社会で社会構造が変化し、持続可能な産業振興・まちづくりが必要になる仕組みをつかませたい。

SDGsをアクティブに学ぶ！

《SDGsリンク＝深い学びの学習課題Q》

・戦後日本はどんな産業の成長で復興できたのだろう。

・札幌オリンピックに向けて行われた公共事業を調べよう。

《事実の深掘り発問》

・札幌オリンピックでは、国が空港のある千歳と道内各所を結ぶ道路整備を進めた。それに併せて札幌市が市内中心部の道路整備を進めたのはなぜだろう？

・2030年オリンピック招致に向けて、札幌市には新幹線延伸や市内中心部に高速道路とのアクセス道路を整備する計画がある。これらの事業にどんな効果があるのだろう？

・オリンピック憲章の理念や内容を調べ、日本が積極的に招致活動をする理由を考えよう。

《新しい時代の学びへのアイデア》

・人口減少に向けて、公共交通の利用促進に向けた幹線道路の整備や老朽化した上下水道管の補修等が進められている。これらの整備計画に対する賛否を議論させ、整備事業の背景や効果と代償を分析的に判断する機会としたい。

・多くの市町村はホームページに「まちづくりビジョン」を掲載している。住んでいる自治体に合わせた学習や他の市町村との比較も有効である。

《参考資料のQRコード》

●札幌市戦略ビジョンのページ

　札幌市における社会経済情勢や人口構造の変化に対する分析とその対応が掲載されている。

SDGsにつなげるポイント

・GHQや政府が、傾斜生産方式と呼ばれる鉄鋼・石炭産業の超重点的増産政策と貿易の自由化、都市整備などの公共事業を進めたことで高度経済成長を実現した様子を捉えさせたい。

・オリンピックは道路や公共交通などの鉄道網を中心に上下水道、庁舎・ビル建築等、開催自治体のまちづくりを促進させる働きがある。世界で類を見ない積雪地の大都市を支える公共事業を学習する機会としたい。

・人口減少が始まり、新型コロナウイルスの流行も相まって税収が減る中で、公共事業への風当たりは強い。一方で、高齢ドライバーの交通事故増加やインフラの老朽化は将来の国民生活維持に向けた喫緊の課題となっている。これから起こる問題点を整理・分析する力を養わせたい。

第**2**章「近代・現代」の学習にリンク

（佐々木　英明）

「8年後、消えているもの」

　NHK取材班『21世紀は警告する』6巻シリーズを手にしてからはや30年が経った[1]。2000年まで残すところ10年で「祖国喪失/国家が破産するとき」が目を惹いた。2021年秋放送の小松左京「日本沈没」のTVドラマを見ているとき、山梨や鹿児島の地震情報が続いた。朝ドラ第105作は、大正～昭和～現在の世代を繋ぐカムカムエヴリバディである。主人公の役者の一人は、上白石萌音さん。そう言えば、2017年内閣府Society5.0「すぐそこの未来」篇でCMが流れた頃は、彼女は高校生であった。その動画は、情報社会Society4.0からIoT（Internet of Things）で人とモノがつながり、さまざまな知識や情報が共有され、今までにない新たな価値を生み出すことで、社会の課題や困難を乗り越えようとする社会が描かれていた。

　例えば、人工知能（AI）やロボットにより、ドローン宅配や自動走行車、デジタル通貨や遠隔診療などはわずか4年の間に実現している。

　ニーズに対応するイノベーションは目覚ましく、問題解決の可能性は高まっている。他方、地球規模の環境への関心は、世界各地の地震や津波、台風やハリケーン、熱波と寒波、海面上昇など異常気象による自然災害の頻発により高まっている。SDGsが目標とする2030年まで残すところ8年。これから、何が残って、何が消え去るのだろうか？

（峯　明秀）

1　NHK取材班『21世紀は警告する』1～6巻、日本放送出版協会、1989.

第**3**部

公民単元にリンクする SDGs教材

コメの原産地はどこだろう？

―品種改良・遺伝子組み換え・ゲノム編集、安心なのは？―

クローズアップ

▶ 品種改良

▶ 遺伝子組み換え

▶ ゲノム編集

社会科学習におけるSDGs

　日本の米所はどこか？このように問われると、新潟県、北海道、秋田県といった、国内の北国を思い浮かべるのが一般的ではないか。しかし、コメの原産地は、中国雲南省やラオス、タイの周辺に広がる山岳地帯だといわれている。この地帯の緯度は、台湾の南端と同程度、つまり沖縄県よりもずっと南である。「日本の米所は北国」「コメの原産地は南方」この相反する2つの事実から、「ジャポニカ米」「インディカ米」という品種、そして品種改良を導きたい。

　品種改良に対してはネガティブな意見はごく少ししかみられない。それは、品種改良は交配であり、遺伝子を組み換えていないためである。他方、遺伝子組み換え（食品）については、安全面の議論が巻き起こり、商品表示も求められている。近接する概念として、近年研究が進められているゲノム編集もある。こちらは、批判は少ない。

　品種改良やゲノム編集はよくて、遺伝子組み換えはよくないというのは、なぜなのか。情報を正しく知ろうとする態度を備え、そして価値判断・意思決定ができる子どもを育てたい。

子どもが動き出す発問・学習課題

《クイズで中身を確認する発問》

Q:日本の米所といえば？

A:新潟県、北海道、秋田県がトップ3です。

Q:では、コメの原産地はどこでしょう？原産地とは、それがうまれた場所のことです。

A:中国の雲南省やラオス、タイ周辺といわれています。

Q:緯度の差が大きいのに、どうして日本では北の方がよく米がとれるのでしょう？

A:まず「ジャポニカ米」「インディカ米」という品種の違い。さらに、日本では品種改良が重ねられ、寒さに強い、食味が良い、病気に強い、等の品種が作られるように。

SDGsにつなげるポイント

・「日本の米所は北国」「コメの原産地は南方」この相反する2つの事実に気づかせたい。左の他にも、米菓の製造会社が新潟県に多いことや、沖縄県産米の収穫時期（6月）や、インディカ米を使った料理（ガパオライス等）を示すことで、事実に迫ることができる。

・品種改良によって収穫量が増えることをおさえておきたい。

SDGsをアクティブに学ぶ！

《SDGsリンク＝深い学びの学習課題Q》

Q:他の生物がもっている新しい特徴を取り入れることを何
　　というでしょう（答：遺伝子組み換え）。

Q:その生物がもっている特徴を変えることを何というで
　　しょう（答：ゲノム編集）。

Q:食の安全とは、どういうことでしょう。

《事実の深掘り発問》

Q:遺伝子組み換えは危険性があり、ゲノム編集は危険性が
　　少ないといわれるのは、どうしてだろう。

Q:あなたなら、①天然の食べ物、②品種改良された食べ物、
　　③遺伝子組み換えの食べ物、④ゲノム編集された食べ
　　物、どれを選びますか（なお、①は天然物に限定され、
　　例えばコメに関しては入手が困難といえる）。

Q:人口が増えている地球において、人々が食べ物で困らな
　　いようにするためには、何が必要だろう。

Q:賢い消費者になるために、大事なことは何でしょう。

《新しい時代の学びへのアイデア》

　右のQRコードを参考にしつつ、品種改良・遺伝子組み換
え・ゲノム編集それぞれのメリットとデメリットを整理し
て、価値判断・意思決定のできる子どもに育てたい。

《参考資料のQRコード》

●農林水産技術会議「あなたの疑問に答えます」

　遺伝子組み換えとゲノム編集の違いについて、正面から述
べられている。

（山方　貴順）

SDGsにつなげる**ポイント**

・遺伝子組み換えや
ゲノム編集そのもの
の理解にはあまり深
入りせず、品種改良
を含めた3つの技術
について、メリット
と、特に安全性を中
心にしたデメリット
を中心に扱い、子ど
もの興味に応じて、
事実を深掘りできる
情報を与えたい。

・価値判断・意思決
定に際して、「安全
性」「価格」「農業の
持続可能性」といっ
た価値が認められ
る。また、あなたな
ら、家族なら、他国
の人なら、といった
ように多角的にも考
えさせたい。

・賢い消費者に関わ
り、SDGsと近接し、
近年注目される「エ
シカル消費」にふれ
たい。これは、社会
的課題の解決に向け
た消費活動をおこな
うことをさす。子ど
もにもできることは
ある。

第1章　「産業」の学習にリンク

どうして国が農業を支援するの？

―先端技術で日本の農業分野の課題解決を考えよう―

クローズアップ

▶スマート農業

▶農業支援サービス

▶開発途上国支援

社会科学習におけるSDGs

　農林水産省の調査結果によれば、農業従事者数は2015年から2020年の5年間で176万人から136万人へと40万人も減っている。また、農業従事者の6割以上が65歳以上の高齢者である現状に加え、機械化の難しさや労働力不足、農業機械の操作には熟練が必要で若者や女性の参入が困難であるといった課題が指摘され、省力化や人手の確保、負担の軽減が叫ばれて久しい。こうした状況を打破するべく「攻めの農林水産業」と題して、国内外の需要拡大や付加価値の向上、生産現場の強化、多面的機能の維持を国が中心となって進めている。社会科の学習においては、新しい農業の取り組みとしてスマート農業を取り上げ、生産性を上げる工夫を捉えたり、課題解決に向けた農業支援サービスを通して持続可能性な農業進行を捉えたりすることができる。こうしたことを踏まえ、日本の国際協力を学習することで、最先端技術を開発途上国で活用し、現地の農業振興に寄与している様子を捉えることができる。また、一方的な支援だけでなく受け手側の声を踏まえ、実態に応じた支援の在り方を考えさせたい。

子どもが動き出す発問・学習課題

《クイズで中身を確認する発問》

Q:先端技術とされる「ロボット」「AI」「IoT」は、身の回りのどんなところにあるのだろう？

「ロボット」…コンピュータ操作により動作・作業を行うことができる。家庭ではお掃除ロボットが有名。工事現場のガードマンロボットや回転寿司を握るロボットもある。

「AI」…人工知能と呼ばれ、大量のデータを基に学習する機能があるものもある。お掃除ロボットや外食チェーン店の入り口で見ることができる。

「IoT」…モノが得たデータをインターネットで集め、活用する。スマホで照明や空気清浄機など家電を操作している。

SDGsにつなげるポイント

・子どもが農業の先端技術を直接見ることは難しい。日常生活で実際に見ることができる事例を取り上げて、その技術がもつ特性を把握し農業に活用する有効性を捉えることができるようにしたい。

SDGsをアクティブに学ぶ！

《SDGsリンク＝深い学びの学習課題Q》

・農業支援サービスにはどんなものがあるのだろう。

・なぜ日本の食料自給率は低いのだろう。

《事実の深掘り発問》

・農業におけるロボットとICTの活用で、農業機械の技術の進歩が著しい。最近ではどんな機械が誕生し、どのような効果をもたらしてくれているのだろうか？

・農家の中には、農業支援サービスを用いて一人で1000万円以上も借金をして、新しい技術を取り入れる人もいる。ここまでするのは何のためだろうか？

・日本のフードマイレージやフードロスの評価は世界でも最低レベルにある。問題の原因を調べ、改善点を考えてみよう。

《新しい時代の学びへのアイデア》

・日本はフェアトレードの貢献度や認知度が諸外国に比べて低い。貿易の仕組みや認知度の低い理由を調べ、一人ひとりができることを考える機会としたい。

・農林水産省のホームページを見ると、今後、さらに農家数の減少と高齢化が進み、労働力が不足することが分かる。農業の生産維持に向けた取り組みを考える活動も有効である。

《参考資料のQRコード》

●農林水産省ホームページ

　農林水産業に関する課題や政策、スマート農業やバイオマスの活用促進など、最新の情報が整理されている。

SDGsにつなげるポイント

・スマート農業の進歩や食料自給率向上は、開発途上国への技術支援の推進と食糧確保につながる。食料問題を地球規模で見る目を養わせたい。

・日本の食糧自給率と農業従事者の減少・高齢化は、国内でも大きな課題となっている。農業を取り巻く状況を踏まえた上で、スマート農業がもたらす効果について考える機会としたい。

・フードロスの問題は、企業の販売方法や個人の消費行動に原因がある。課題解決に向けた取り組みを考えさせたい。

・フェアトレードについては啓発や教育の遅れが指摘されている。先進国や途上国の状況、日本の現状を捉えた上で学習を進めることが重要である。

第1章　「産業」の学習にリンク

（佐々木　英明）

目標　**2**　飢餓をゼロに

日本の有名ブランドを守れ

―種苗法のメリット・デメリットについて目を向けよう―

クローズアップ

▶日本の農産物ブランド

▶種苗法

▶攻めの農林水産業

社会科学習におけるSDGs

　2013年以降、「攻めの農林水産業」の目標の一つとして農林水産品・食品の輸出額を1兆円にする目標が設定された。例えば、リンゴの輸出は全体としても好調で、2018年は139.7億円と前年比27.6%の成長をした。その背景として、香港を含めた東アジアでは、日本の農産物は中国産と比べて安心安全、味が良いということがあげられる。

　このように、輸出を推進していく中で、問題になるのが、日本の農産物の苗が海外に流出し、そこで生産されることである。SDGsのターゲットの一つに、「遺伝資源及びこれに関連する伝統的な知識へのアクセス及びその利用から生じる利益の公正かつ衡平な配分を促進する。」とあるように、適正なアクセスと、不利益が被らない仕組みをつくることが挙げられている。

　実際に、我が国で開発された高級ブドウやイチゴ、サクランボが海外で無断栽培される例が相次いでいる。国内の高い技術で生産された農産物のブランド価値が失われるのを防ぐため、2020年に種苗法が改正された。今後の動向が注目される。

子どもが動き出す発問・学習課題

《クイズで中身を確認する発問》

Q: 日本で有名な農産物ブランドはなんだろう。

○シャインマスカットは、我が国で育成されたブドウの品種で、甘味が強く、食味も優れ、皮ごと食べられることから高値で取引されている。輸出品としての期待も高い。しかし、日本原産として高値で苗木が取引されたり、中国では「陽光バラ」などの名称で販売されたりしている。

○イチゴの品種である「章姫」、「レッドパール」は、許可した以外の第三者に流出し、広く栽培された。2006年には両品種は韓国のイチゴ栽培シェアの8割以上広まった。

SDGsにつなげるポイント

○デコポンは1993年に熊本県の果実農業協同組合連合会が商標登録し、全国へ普及した。しかし、海外で育成者権を取得しなかったことから、多くの国で栽培されブランド化された。韓国では、1990年代に「ハルラポン」として、アメリカでは、甘い、種なし、むきやすい「Sumo」として、米国消費者から高い人気がある。

SDGsをアクティブに学ぶ！

《SDGsリンク＝深い学びの学習課題Q》

○我が国のブランドを守るためにはどうすればよいだろう。
改正種苗法について調べてみよう。

《事実の深掘り発問》

○改正種苗法が成立される際に、反対意見がでました。どの
ようなものだったのでしょう。

《新しい時代の学びへのアイデア》

○今までは、自由に自家増殖できたのに、この法律が成立す
ると、新しく許諾申請したり、許諾料が必要になったりす
る。

○一方で、農水省は、許諾や許諾料が必要となるのは品種登
録されたものに限られ、種苗の90％程度を占める一般品
種については必要なく、許諾料が取られるとしても、農家
の負担になるようなものではないと反論している。

○沖縄県での栽培が有名なサトウキビは、登録品種の割合が
高い。栽培されているほとんどが登録品種で、自家増殖が
欠かせないので、改正案が通れば、許諾を得る手続きが必
要になる。また、2015年の農水省の実態調査では、聞き
取りを行った1000戸余りの農家のうち、登録品種を使っ
て自家増殖する農家は全体の約5割にのぼるようで、新た
な負担が増える可能性がある。

《参考資料のQRコード》

●農林水産省のHPでは、改正種苗法について図や写真を用
いPDFにまとめられている。

（岩坂　尚史）

SDGsに つなげるポイント

○改正種苗法は、ブランドを作った育成者にその権利があり、育成者の意思に応じて海外流出防止などができるようにしている。具体的には、登録された品種は、自家増殖（次の世代で育てるために、収穫物から種等をとること）の際には、許可を取ることなどがある。

○種苗だけでなく、「和牛」の遺伝子も海外に流出し、海外産「WAGYU」も販売されていた。同じように、改訂家畜改良増力法等により法整備された。

○そもそも、海外での品種登録をしていれば、不正に流出を防ぐことが出来る。しかし、海外での品種登録は、出願料や審査料、代理人の弁護士費用などで最低でも100万〜200万円程度かかるといい、国はこれらの定められた経費を原則、全額補助していく方針だという。

第**1**章 「産業」の学習にリンク

目標 **7** エネルギーをみんなに　そしてクリーンに

いちごの旬はいつ？

―「当たり前」を見つめ直そう―

クローズアップ

▶旬

▶輸送

▶促成栽培

社会科学習におけるSDGs

　現在の日本では、食べ物の旬を意識する機会が、過去と比べて減ってきている。スーパーマーケットに行けば、いつでも様々な食材が並べられているし、日本中の食材だけでなく、外国産のものもあり、私たちはそれが当たり前だと思ってしまう。しかし、この「当たり前」によって、環境に負荷をかけている側面がある。

　例えば暖かい気候を好むかぼちゃの流通量は、年間を通してみると国産と輸入がおよそ50％ずつである。夏と秋は国産が中心で、冬と春はニュージーランドやチリといった南半球産のものが中心である。かぼちゃは追熟するが年中食べるためには輸送の際に、燃料が必要である。

　例えば寒さに弱く、夏野菜を代表するナスは、冬は高知県を中心に、ハウス栽培で作られる。ハウス内は、暖房設備によって温度を上げているが、やはり燃料が必要である。

　このように、旬に関係なく年中その作物を口にできる生活は、環境の負荷の上に成り立っていると言い換えることができる。この学習を通して、生活の「当たり前」を問い直す子どもを育てたい。

子どもが動き出す発問・学習課題

《クイズで中身を確認する発問》

Q:次の果物の旬はいつでしょう？

「みかん」…冬。こたつとセットで描かれることも多く、間違う子どもは少ないと思われる。

「すいか」…夏。季節を代表するくだものである。

「ぶどう」…夏〜秋。品種が複数ある果物は、複数の季節にまたがることもある。

「いちご」…春。クリスマスケーキのイメージが強く、またビニールハウス等で促成栽培がなされていることから、冬が旬であると思い込んでいる子どもが多いが、いちごは本来、春が旬の果物である。

SDGsにつなげるポイント

・最初は、子どもが簡単に答えることができる果物から始めたい。また、その季節と考えた理由を尋ねることで、子どもは生活経験と結びつけて解答することが予想される。こうすることで、いちごの旬が冬ではなく、春であることのインパクトが大きくなると考えられる。

SDGsをアクティブに学ぶ！

《SDGsリンク＝深い学びの学習課題Q》

Q:いちごの旬は冬だと思ったのは、どうしてだろう。

Q:どのようにして、冬にいちごを作っているのだろう。

Q:旬ではない作物を作るときに必要なものは何だろう。

Q:作物は、旬に関係なく、一年中スーパーマーケットに並んでいた方がいいのかな。

Q:豊かさとは何だろう。

《事実の深掘り発問》

Q:旬でない時期に、果物や野菜等を作るためには、どうしたらいいのだろう。

Q:その工夫をすることで、よくないことは起きないかな。

Q:魚介類には旬はあるのかな。

《新しい時代の学びへのアイデア》

・一人一台端末を活用して、家庭内にある旬の、あるいは旬ではない農作物の写真を撮って共有することで、学校の学びと、子どもの生活体験とを一体化することができる。

・右で紹介しているQRコードでは、12種類の身近な作物の栽培方法や、生産量上位の都道府県等が紹介されている。家庭によっては食べない作物もあろうが、たいていの主な作物はカバーできているといえる。

《参考資料のQRコード》

●農林水産省「子どもページ」

　様々な情報を、子どもも理解しやすい言葉で書かれている。何より、情報に信頼がおける点がよい。

SDGsにつなげるポイント

・旬ではない地域へ作物を運ぶ際に必要となる燃料と、暖房や冷房といった気温を調整する際に必要となる燃料に着目できる問いを設けたい。

・豊かさとは何かを問うことで、旬ではない作物であっても年中食べられるという物質的な豊かさだけでなく、持続可能性についても考えさせたい。

・いちごが乗ったクリスマスケーキや、冬に食べる麻婆茄子など、「当たり前」を見つめ直すことで、持続可能性が高まることに気づかせたい。

・旬は、環境負荷が低いだけでなく、味もよく、栄養価も高いとされており、旬を意識した買い物ができるようにも伝えたい。

第1章 「産業」の学習にリンク

（山方　貴順）

目標　**9**　産業と技術革新の基盤をつくろう

未来に求められる農作業の技術

―誰にでも安心して作業できるために―

クローズアップ

▶スマート農業

▶効率化

▶安全

社会科学習におけるSDGs

　我が国の農業就業人口は、2011年には260万1000人となり、前年に比べて5千人減少したという。また、65歳以上の割合が6割、75歳以上の割合が3割を占めるなど、引き続き高齢化が進んでいる。このように、農業者の急激な減少による労働力不足が深刻化する一方、グローバルな食市場は急速に拡大しており、世界全体の多様なニーズを視野に入れ、我が国の農業を活力ある産業へと成長させていくことも求められている。

　このような課題を解決するため、生産性の向上や規模拡大、作物の品質向上が不可欠であるが、農作業には、熟達した技術が必要となる。そこで、少ない人数で広い面積の農作業を慣れていない人でも安全に行うために、ITを活用したスマート農業技術が注目される。これらは、農作業の効率を上げるだけでない。農作業は危険と隣り合わせで、高所での作業など危険なシーンが多い建設業界に比べても、農業の死亡事故発生件数は二倍以上となっている。機械作業に関わる事故が最も多く、自動化が進むことで、事故を減らすことにもつながる。

子どもが動き出す発問・学習課題

《クイズで中身を確認する発問》

Q:米作りにおいて、機械の技術はどれくらい進んでいるのだろう。

○耕運機、田植え機、コンバインなど、我が国の米作りは、手作業から機械化が進むことにより、飛躍的に生産能力が向上してきた。さらに、近年では、自動走行トラクターも開発されている。これにはセンターラインなどの目標のない圃場（作物を栽培する田畑）で、無駄なスペースをつくらず、かつ植えた作物を踏まないようにするためのより高い運転精度が搭載されている。このトラクターにより、GPSで位置を計測しながら、数cm以内の誤差になるような作業が実現されている。

SDGsにつなげるポイント

○他にも、AIを搭載した、様々な技術が導入されている。例えば、自動田植え機は、田んぼの広さを自動計算して、精密な田植えを実行する。さらに、田植え機に残された苗の使用量が自動計算されていて、苗が少なくなると田植え機が苗の補給をするポイントまで自ら近寄ってくることもでき、生産者の方にとっては、便利な機械である。

SDGsをアクティブに学ぶ！

《SDGsリンク＝深い学びの学習課題Q》

○農作業にはどのような課題があり、スマート農業が普及するためにはどのような環境整備が必要だろう。

《事実の深掘り発問》

○米作りの各作業時間は年々減ってきているが、時間がかかる作業はどれだろう。

○人の手が省かれることの他のメリットは何だろう。

《新しい時代の学びへのアイデア》

○田おこし、代かき、田植え、収穫など米作りは多種多様にわたる作業があるが、依然として長い作業時間を割かれているのが、「水の管理」である。日本の地形の特色上、一か所に大きな面積の田があるというよりも、小さな面積の田が点々と数か所に存在していることが多い。米作りを引退した農家から田んぼを引き継ぐなどした結果、色々な所に田んぼを持っている農家は、全ての場所で直接、栓を開け閉めすることが必要となってくる。また、大雨の際に直接栓を閉めに行くことは危険を伴うことである。これらの作業が人の手を介することなく行われることは、安全面にも一役買い、とても重要なことである。

《参考資料のQRコード》

●笑農和（えのわ）では、農業現場主義のIoT、AI技術の導入を目指している。上記の課題が解決できる、水管理システム「paditch」だけでなく、自動的に圃場の環境を計測できる「みどりクラウド」など様々な技術開発を行っている。

SDGsにつなげるポイント

○スマート農業における素晴らしい技術も、普及にはかなりの時間がかかる。笑農和が開発した用水の栓を遠隔操作できる水管理システム「paditch」導入時には、最初は、携帯一つで、水の管理ができるなどピンと来ない年配の農家が多く、なかなか相手にしてくれなかったという。開発の際には、操作が複雑だと、どれだけよい性能を持っていても使ってくれないので、簡単に誰でも使えるように操作画面や設定をシンプルにするようにしたという。

○これらの技術を普及させていくためには、個人会社の努力だけでは難しい。この事例で言えば、インターネット環境を整備した通信会社の協力も不可欠である。官民が一体となった改革が、これからも求められてくるだろう。

第1章 「産業」の学習にリンク

（岩坂　尚史）

目標 15　陸の豊かさも守ろう

「スマート農業」で日本の農業はもう安心！？

―家族農業の拡大への取り組みを手がかりに―

クローズアップ

▶農業従事者の高齢化

▶家族農業

▶過疎化

社会科学習におけるSDGs

　今、日本では、農業従事者の高齢化が進み、かつ、人口は減少している。それによって、耕作放棄地が増えている。

　それに対応するために、できるだけ労働力を節約するような省力型の技術の開発・普及が進んでいる。例えば、ロボット技術や、人工知能（AI）を用いた「スマート農業」のような農業技術を用いることで、人手不足問題の解消につながると期待されている。

　しかし、農業は、産業としての側面だけでなく、農業に従事して農村地域で生活を営む人たちの暮らしとしての側面もある。手間や労力を省くことを主たる目的とすると、農業従事者の減少、農村人口の減少に拍車をかけることになる。

　そこで、現在、家族規模で営む中小規模の "小さな農業" である「家族農業」が注目されている。国連は、2019年から10年間を「家族農業の10年」とし、その保護と支援の推進を呼びかけている。

　家族農業によって、過疎地域に多い耕作放棄地へ人口が流入し、食料生産はもちろん、雇用創出や自然環境の保全にもつながる。

子どもが動き出す発問・学習課題

《クイズで中身を確認する発問》

Q1:このグラフから何が分かるだろう？

ここでは、農業従事者の経年変化とその年齢層の割合が示されたグラフを示す。

グラフからは、農業従事者が年々減っていること、60才以上の割合が大きいことなどが読み取れる。

Q2:農業従事者の高齢化や人口が減っていることによってどのような問題が生じるのだろう？

食料自給率の低下や、農村地域の過疎化、耕作されなくなった農地が増えるなどの問題が生じる。

SDGsにつなげるポイント

・農業の単元と関連付けて行うことによって、学習したことをもとに、SDGsの視点から、日本の農業の課題とそれに対する取り組みを考えさせたい。

・過疎化や耕作放棄地が増えることによって、その土地がどうなるのかについて考えさせたい。

SDGsをアクティブに学ぶ！

《SDGsリンク＝深い学びの学習課題Q》

・農業従事者の高齢化や人口が減っていることに対して、どのような対策がなされているだろう？

《事実の深掘り発問》

・ロボット技術や、人工知能（AI）を用いた「スマート農業」の開発・普及が進んでいる。そのような「スマート農業」がもたらすメリット・デメリットを考えてみよう。

・家族規模で営む中小規模の"小さな農業"である「家族農業」が注目されている。どうして「家族農業」が広がっているのか、調べてみよう。

・「家族農業」が広がることによってどのようなメリット・デメリットがあるのか考えてみよう。

《新しい時代の学びへのアイデア》

・「家族農業」を広げるために、どのような取り組みが求められるのかを、「社会全体ですべきこと」や「自分たちにもできること」といった視点で考えさせたい。

・SDGsの目標に掲げられている「陸の豊かさも守ろう」の豊かさとは何なのかを、農業技術の進歩によってもたらされる効率性と比べながら捉えさせたい。

《参考資料のQRコード》

●関根佳恵（2020）『13歳からの食と農：家族農業が世界を変える』かもがわ出版

　家族農業の広がりとSDGsを関連付けて、その背景や、私たちにできることが述べられている。

SDGsにつなげるポイント

・ここでは学習した「生産性」に着目させ、「スマート農業」によって、高齢化や人手不足に対応することもできることも確認しておきたい。

・「スマート農業」のような農業技術の進歩は、農業従事者の減少、農村人口の減少への対策に直接的な解決にはつながらない。

・「家族農業」によって、食料生産に加え、耕作放棄地の活用、雇用創出や環境の保全につながるとされている。

・現在、「家族農業」の普及に向けて、農業を学ぶ機会を創出することや、消費者として支える手段なども出てきている。

・自分たちにもできることとして、食と農に関心を持ち続けることも大切であろう。

（川向　雄大）

第1章　「産業」の学習にリンク

目標 **13** 気候変動に具体的な対策を

フード・アクション・ニッポンって何？

―近くのスーパーマーケットでロゴマークを探してみよう―

クローズアップ

▶食料自給率

▶地産地消

▶養殖

社会科学習におけるSDGs

　現行の学習指導要領において大事にされていることの1つに「学んだことを（現実社会に）どういかすか」という視点を挙げることができる。これはつまり、学習が学校の中だけで閉じることなく、現実社会、つまり子ども自身の生活とつなげることを意味する。社会科は世の中のことを扱うため、このことが実現しやすいと考えられる。

　この項で紹介するのは、フード・アクション・ニッポンという取り組みである。公式HPには「日本の食を次の世代に残し、創るために、民間企業・団体・行政等が一体となって推進する、国産農林水産物の消費拡大の取り組みです。」とあり、中心的な理念に「子供たちの子供たちもその、ずーっと先の子供たちも食べていけますように。」を掲げている。これらから分かるように、SDGsと非常に親和性が高いといえる。上では目標13としたが、他にも1、2、3、4、7、14、15等、複数の目標と関連づけられる取り組みである。本取り組みの他にも、ASC（Aquaculture Stewardship Council）認証やMSC（Marine Stewardship Council）認証も、有効な切り口となる。

子どもが動き出す発問・学習課題

《クイズで中身を確認する発問》

Q:（フード・アクション・ニッポン（以下、FAN）のロゴマークを示し）スーパーマーケットでこのマークを見つけましたが、どんな商品についていたでしょう。

A:米粉パン、ペットボトルのお茶、ポテトチップス、インスタントラーメン等、多くの商品につけられている。

Q:このロゴマークをつけている商品は、どんな商品でしょう。

A:国産の食べ物の消費量を増やすことに一役買っている商品である。上の商品だと、米や茶葉、じゃがいもに該当する。

SDGsにつなげるポイント

・意識していないと見落としてしまうロゴであるので、可能であれば教師がその商品を購入し、実物を教室に持ち込みたい。こうすることで、子どもの興味・関心は高まり、学びのエネルギーとなる。

・国産の食品を消費することのよさを、燃料、価格、安全性等と多面的に検討させたい。

SDGsをアクティブに学ぶ！

《SDGsリンク＝深い学びの学習課題Q》

Q:なぜ国産の食べ物の消費量を増やすのがよいか。

Q:食料自給率が低いと、どんな問題が考えられるか。

Q:地産地消とは、どんな考え方なのだろう。（pp.44〜45参照）

Q:食料自給率を上げるために、自分にできることは？

《事実の深掘り発問》

Q:日本の食料自給率はどれだけか。

Q:日本の食料自給率を、外国と比べてみよう。

Q:ASC認証やMSC認証とは何だろう。

Q:養殖が必要なのは、なぜだろう。

Q:養殖のデメリットは何だろう。

《新しい時代の学びへのアイデア》

・単元の途中や出口において、子どもをスーパーマーケットへ足を運ばせたい。特に教師が引率するのではなく、日々の買い物として、家族と同行させ、FANや、ASC、MSCのロゴマークを子ども自身の目で見させたい。そのことで、学校で学んだ知識やSDGsのことを、家族に話すきっかけとなり、学校での学びが確かなものとなる。

・FANや、ASC、MSCのロゴマークがついた商品を購入した際には、タブレット等で写真を撮っておき、学校で紹介できるようにしたい。

《参考資料のQRコード》

● 「フード・アクション・ニッポン」HP
　FANの理念を確認することができる。

SDGsにつなげるポイント

・「国産を食べるのはいいことだ」「外国産はいけない」という画一的な価値観を押し付けることのないように学習を進めたい。食品にもよるが外国産は安いものも多く、外国産によって年中食べられることも多いが、食の安全性や燃料の面では国産が優位といえる。世の中には様々な価値観があり、将来的に消費者になる子ども自身で価値判断・意思決定ができるよう心がけたい。

・責任ある養殖により生産された水産物を示すASCと、持続可能な漁業で獲られた水産物を示すMSCは、2つ合わせて「サスティナブル・シーフード」といわれる。これらが店頭に並ぶことも増えてきているため、実物を教室に持ち込み、子どもに紹介したい。

（山方　貴順）

イカナゴの不漁は海がきれいに なりすぎたから！？

—イカナゴの漁獲量減少への努力と工夫をとらえる—

クローズアップ

▶水産業
▶食料生産
▶イカナゴ漁
▶豊かな海

社会科学習におけるSDGs

「今年のイカナゴの漁獲量は…。」というように、毎年3月ごろになると、兵庫県では、イカナゴの漁獲量が地元の新聞やテレビで取り上げられる。兵庫県の資料では、イカナゴの漁獲量は多い年で3万トンを超えていたが、激減していき、2020年は147トンであった。

主としてイカナゴ漁がさかんな瀬戸内海沿岸では、高度経済成長期以降、工場の立地が増え、人口も増加した。そのため、工場・生活排水などが海に流れ込み、プランクトンが繁殖してたびたび赤潮を引き起こしていた。赤潮を防ぐために、排水規制を強化したり、下水処理施設の整備が進められたりして、徐々に海水が「きれい」になった。

一方で、自然に陸から海へ流れている「栄養塩」も流れ込まなくなった。そのため、プランクトンが減り、それを餌にしているイカナゴにも影響が出ている。

海の資源を守るということは、生態系を守ることであり、その場所の環境を維持することが大切であると捉えさせたい。

子どもが動き出す発問・学習課題

《クイズで中身を確認する発問》

Q1:2021年、大阪湾でのイカナゴ漁の解禁日は3月6日でした。では、終漁日はいつだったでしょうか。

①3月11日、②4月11日、③5月11日

正解は①3月11日である。休漁日を入れると大阪湾では実質3日間の漁であった。

Q2:どうして、イカナゴ漁は解禁日と終漁日を決めているのだろう？

毎年新鮮なイカナゴをより多くの消費者に提供するために、解禁日と終漁日を決めて、親魚を残しておきたいから。

なお、近年は終漁日を早めている。

SDGsにつなげるポイント

・イカナゴ漁の解禁日と終漁日を扱うことで、予想よりも短い期間で漁獲されていることから、それだけイカナゴが貴重な存在となっていることなどに興味をもたせたい。

・そして、海の資源を守るために、生産者がルールをつくっていることを捉えさせたい。

SDGsをアクティブに学ぶ！

《SDGsリンク＝深い学びの学習課題Q》

・イカナゴを守るために生産者はどのような努力や工夫をしているのだろう？

《事実の深掘り発問》

・かつて、工場や家庭から出る排水によって赤潮がたびたび発生していた。そのため、排水規制を強化したり下水処理施設の整備が進められたりして、海水が「きれい」になった。それにも関わらず、イカナゴの漁獲量が減り続けているのはなぜだろう？

・海の「豊かさ」とはなんだろう？学習したことをもとに考えてみよう。

《新しい時代の学びへのアイデア》

・水産業の単元で学習したことをもとに、イカナゴ漁を持続可能なものにするために取り組んでいる人々の努力や工夫を考えさせたい。

・SDGsの目標に掲げられている「海の豊かさを守ろう」の「豊かさ」とは何なのかを生産者と消費者の視点から多面的に捉えさせる。

《参考資料のQRコード》

●兵庫県漁業協同組合連合会SEAT-CLUBホームページ

　ここには、海底耕耘の様子や漁業従事者へのインタビュー動画などが掲載されている。

●兵庫県農政環境部農林水産局水産課

●兵庫県立農林水産技術総合センター水産技術センター

SDGsにつなげるポイント

・瀬戸内海沿岸では、1970年代から工場や企業の立地が相次ぎ、人口が増加した。

・赤潮が度々発生し、毒性のプランクトンによって、養殖していた魚に被害があった。

・排水規制の強化や下水処理施設の整備によって、海を「きれい」にすることはできたが、イカナゴが激減した。

・そのため、海底を掘り起こす「海底耕耘」や、池の水を海へ流し込む「かい掘り」が行われている。

・漁業関係者がねがうのは、「たくさん魚が獲れる海であってほしい」ことである。後継者や消費者のためにも栄養が豊富で多様な生物が棲む海をめざして、活動が続けられている。

第1章　「産業」の学習にリンク

（川向　雄大）

目標 **14**　海の豊かさを守ろう

魚をいつまでも安定して食べられるためには？

―持続可能な漁業のための「完全養殖」にせまる―

クローズアップ

▶ 完全養殖
▶ レッドリスト
▶ 世界的な需要

社会科学習におけるSDGs

　漁業は、自然環境に大きく影響する。海水面の温度が上がったり、海流の流れが毎年違ったりすることで、生産量に大きく影響が出る。生産量の確保のために制限なく漁がおこなわれると、生態系のバランスが崩れ、未来の水産資源に大きな影響を及ぼす。

　SDGsの目標として、「水産資源を、実現可能な最短期間で少なくとも各資源の生物学的特性によって定められる最大持続生産量のレベルまで回復させるため、様々な管理計画を実施すること」と設定されている。国際的にも海の資源を守るために2011年に大西洋クロマグロをレッドリストに指定した国際自然保護連合や、希少な野生動植物の国際的な取引を規制するワシントン条約等、国際的にも資源を守る動きが出てきている。

　そこで、持続可能な漁業として期待されるのが、養殖業である。養殖業には、稚魚を取ってきて育てていく「畜養」と、卵から稚魚を人工的に育てていく「完全養殖」があり、後者がより、将来の食糧生産にとって大きな期待がされる。

子どもが動き出す発問・学習課題

《クイズで中身を確認する発問》

Q:今まで、どんな魚が養殖されてきたのだろう。

○鯛は、養殖に関する歴史の中で最も古く、1910年ごろから行われ、陸上水槽で稚魚までの飼育に初めて成功したのは1962年である。

○1970年からクロマグロの完全養殖に挑み、およそ30年後の2002年に近畿大学水産研究所がクロマグロの完全養殖にようやく成功した。これは、世界初の快挙で、天然の親魚が産卵しなかったり、たとえ産卵やふ化をしても、稚魚のときに全滅したりと険しい道のりであった。

SDGsにつなげるポイント

○我が国ではブリ・カンパチ・マダイ・ヒラメ・シマアジ・トラフグといった魚類、ノリなどの藻類、カキやホタテといった貝類、そのほか真珠やエビの養殖が行われている。

○まぐろは、縄文時代から食べられていた。江戸時代に、しょうゆが作られ、漬けにされることよって保存がきくようになり、人気が広がっていった。

SDGsをアクティブに学ぶ！

《SDGsリンク＝深い学びの学習課題Q》

○世界では、2050年には、水産資源が急激に危機を迎える可能性があるというレポートも出されている。海の海洋資源を守る取り組みはどんなものがあるのだろう。

《事実の深掘り発問》

○持続可能な水産資源確保のために、養殖業を発展させていくべきだが、乗り越えるべき課題は何だろうか。

《新しい時代の学びへのアイデア》

○持続可能な水産業のためには、稚魚を天然資源に頼ることなく、人工種苗の安定的な生産が求められるが、完全養殖にはまだまだ難しいものもある。例えば、ウナギは、完全養殖には成功したが、稚魚の大量生産が難しく、稚魚を取ってきて育てていく「畜養」が中心である。また、マアナゴも、稚魚時代に食べるものや、産卵に必要な条件がまだよく分かっていない。

○養殖の大敵である赤潮は、海水の酸素濃度が低くなることや海洋環境の変動など様々な要因が考えられ、発生の予測の研究推進が必要である。また、市場価格の変動が大きいこと、えさ代、種苗費の割合が高いことが、養殖経営に大きな打撃を与えており、それをいかに改善するかも大きな課題である。

《参考資料のQRコード》

●環境省近畿環境パートナーシップオフィス（きんき環境館）

　ESD（持続可能な開発のための教育）のための情報も充実している。

SDGsにつなげるポイント

○2015年6月、日本財団が、ブリティッシュ・コロンビア大学（カナダ）やプリンストン大学（米）など世界の7大学・研究機関と共同で発表した2050年の世界の水産資源の状況を予測した「ネレウスプログラム・レポート」では、水産資源が急激に危機を迎えてしまう可能性があることを指摘している。

○ミナミマグロと大西洋クロマグロは深刻な状況で、国際自然保護連合（IUCN）は、1994年にミナミマグロを、2011年に大西洋クロマグロをレッドリスト指定している。ワシントン条約では、希少な野生動植物の国際的な取引を規制している。

○日本では、魚離れが始まっているが、世界では魚がヘルシーで栄養価も高いために需要が高まっており、水産資源確保は、世界的な課題となっている。

第1章「産業」の学習にリンク

（岩坂　尚史）

目標 **17** パートナーシップで目標を達成しよう

なぜ、多くの企業がSDGsに取り組むようになったの？

―CSRからCSVへ！企業の役割とSDGs―

クローズアップ

▶ CSR

▶ CSV

▶ 企業の責任

▶ ESG投資

社会科学習におけるSDGs

　ふと気づくと、街中でSDGsバッジ（カラーホイール）をつけたビジネスマンを多く見かけるようになった。また、企業のパンフレットやホームページには、SDGsのアイコンが登場することも珍しくない。このようにして、多くの企業がSDGsに取り組むようになったのはなぜだろうか。以前から、CSR（Corporate Social Responsibility）として、環境に優しい取組を行う企業や地域に貢献する企業は多くあった。それは企業の社会的責任とされ、全てのステークホルダーへの説明責任として果たすべきものであった。近年それらは、CSV（Creating Shared Value）：社会的価値の共有として、社会的課題に本業を生かして取り組み、企業にも社会にも利益をもたらそうとする考え方へと昇華されつつある。その上で、SDGsという地球規模の課題との親和性が高く、多くの企業の参画に繋がっている。もちろん、持続可能な地球環境を作り出す上で、全ての人がSDGsのゴールやターゲットを意識し、実行することは大切であるし、それ自体、とても尊いことである。ここでは、経済社会における企業の役割の面から考察したい。

子どもが動き出す発問・学習課題

《クイズで中身を確認する発問》

Q:SDGsに関わる取り組みを積極的に推進している企業や会社には、どのようなものがあるだろうか？また、それらの会社は、実際にどのような取り組みをしているのだろうか？

（身の回りの製品や広告を見たり、ホームページ等を閲覧したりして、具体的な会社名や取り組み例を挙げていく。）

Q:CSR：企業の社会的責任、CSV：社会的価値の共有とは、それぞれどのようなことを指しているのだろう？

（説明省略）どちらも、市場経済における企業が、利益を追求するだけでなく、広く社会に対しても良い効果を及ぼすことを狙っている点では共通している。

SDGsにつなげるポイント

・前提として、SDGsがどのような経緯、どのような目標であるのかを認識しておく必要がある。その上で、子ども達の生活に身近な企業（近所のスーパーやコンビニ、有名企業など）の商品やCM等を通じて、その多くがSDGs達成に向けて何らかの貢献を念頭に活動を展開していることを確認する。

SDGsをアクティブに学ぶ！

《SDGsリンク＝深い学びの学習課題Q》

・CSRとCSVのちがいとは？

・なぜ、多くの企業がこのような活動に取り組んでいるのだろうか？そのメリットとはどのようなことだろうか？

・ESG投資って何のこと？

《事実の深掘り発問》

・CSVの事例として、国内外の様々な企業の取り組みを調べ発表しよう。

・今度は反対に、SDGs17のゴールに対応して新たな価値の創造が可能な業種とはどのようなものか、考えてみよう。

《新しい時代の学びへのアイデア》

・子どもたちの生活に関わって、SDGs達成の一助となるような活動を企業に提案できないか考えさせ、お客様相談窓口などからコンタクトを試みることも面白い。中学生目線の活動は、企業にとっても新たなアイデアに繋がるものかもしれないし、稚拙で不十分であったならば、それもまたリアルな学びに繋がるだろう。

・グループや個人で分担して、多くの企業の取り組みを整理したり、評価したりすることは、消費者としての子どもたちの企業鑑識眼の成長にもつながる。

《参考資料のQRコード》

●一般社団法人CSV開発機構ホームページ

　CSVの考え方や、様々な企業・業種別の取り組み事例、最新の動向等が分かりやすく示されている。

（柴田　康弘）

SDGsに つなげるポイント

・CSRやCSVの考え方が、SDGsの達成と強く関連していること、そして利潤追求を目指す企業としても重要な価値を含むことに気づかせたい。

・上場企業の取り組みや株価、その変動などと関連づけると、社会的な評価の様相も見えてくる。

・ESG投資とは、財務状況のみならず、環境：Environment、社会：Social、企業統治（ガバナンス）Governanceの3観点からも企業を分析・評価し、投資先（企業等）を決めていくことをいう。

・実際に多くの企業が、CSRやCSVを念頭に、社会とつながる取り組みを模索している。保護者や地域との関係や、地元企業などとの連携が可能になるならば、地域学習としても意義深いものとなる。

目標 **17** パートナーシップで目標を達成しよう

2030年、日本は世界に誇れる国になっているか？

―SDGsを視点に描く日本の未来予想図―

クローズアップ

▶ 資源・産業

▶ 気候変動

▶ 人口問題

▶ スマート化

▶ ソサエティ5.0

社会科学習におけるSDGs

　SDGsの目標17「パートナーシップで目標を達成しよう」では、共通の目標に基づく、だれをも受け入れるパートナーシップが、グローバル、地域、国、地方の各レベルで必要であること示されている。特に、目標17は、環境・社会・経済のレベルで分類された各目標を包括するものとして位置付けられている。

　ここでは、中学校の地理的分野の単元「世界と比べた日本の地域的特色」における実践例を紹介する。本単元では、SDGsとも関連が深い日本の諸課題を取り扱う。日本の少子高齢化は急速に進行し、2019年に高齢化率28%と過去最高を更新した。また、日本における温暖化は100年あたり1.19℃と世界中の中でも速いペースで気温が上昇している。日本の産業構造も大きく変化し、私たちの暮らしにも影響を与えている。上記のような、日本の現状や課題を捉えさせた上で、現在、そして2030年の日本の姿を具体的にイメージさせる。そうすることによって、SDGsの目標の切実性、目標を達成する上でのパートナーシップの必要性に気づかせることができるのではないか。

子どもが動き出す発問・学習課題

《クイズで中身を確認する発問》

Q:2027年に就職する人のうち、今存在していない職業に就く人は何%になると予測されているか？

… 65%（アメリカの学者で大学教授のキャシー・デイビッドソンが予測している）。

Q:2030年は、国民のうち65歳以上の高齢者の割合は、何%になると予測されているか？

…約32%（約3人に1人が高齢者となる見込みである）。

Q:家・くつ・服・哺乳瓶・スノーボードのうち、未だ「スマート化」されていないものはいくつあるか？

…0個（身の回りの「スマート化」が急速に進んでいる）。

SDGsにつなげるポイント

少子高齢化・地球温暖化・日本の産業等に関するクイズを通じて、私たちが暮らす社会が急速に変化していることに興味を持たせたい。SDGsでは、遠い未来ではなく、2030年までに目標を達成するための具体的指針を示している。導入部分でも、具体的なデータ等を活用しながら、2030年の日本の姿、私たちの暮らしを想像させたい。

SDGsをアクティブに学ぶ！

《SDGsリンク＝深い学びの学習課題Q》

・2030年、日本は世界に誇れる国になっているか？

《事実の深掘り発問》

【人口問題について】

・人口問題を解決するための救世主は誰だろうか？

…高齢者・女性・AI・外国人などを積極性に活用することの
　意義や課題について考察する。

【資源・エネルギーについて】

・2030年に向けたエネルギー活用プランを提案しよう。

…経済産業省が提案している2030年の「エネルギー基本計
　画」などの魅力や課題、改善案を考察する。

【産業について】

・「スマート化」は日本の産業の救世主になり得るか？

…日本の産業が抱えている課題（例えば、後継者不足等）を
　「スマート化」が解決しうるかどうかを考察する。

【地域間の結びつきについて】

・交通網や通信の発達はどのような変化をもたらすか？

…リニアモーターカーや「第5世代移動通信システム」
　（5G）が社会や暮らしにもたらす変化について考察する。

《新しい時代の学びへのアイデア》

・2030年、日本が世界に誇れる国になるために必要な
　ことは何だろうか？プレゼンテーションを作成しよう。

《参考資料のQRコード》

　例えば、短編動画「ソサエティ5.0『すぐそこの未来』」
（内閣府・政府広報）などは非常に参考になる。

SDGsにつなげるポイント

・SDGsの目標との関わりについて以下に示す。

【人口問題について】
女性、高齢者、障がい者、外国人を含むすべての人にとって、働きがいのある人間らしい雇用を促進する。〈目標8〉

【資源・エネルギーについて】
現状のエネルギー利用は、温室効果ガスを排出し、温暖化に拍車をかけている。〈目標7〉

【産業について】
テクノロジーを活用して、だれもが参加できる持続可能な産業化を促進させる。〈目標9〉

【地域間の結びつきについて】
すべての人が安全で、手頃な価格の輸送システムを利用できるようにする。〈目標11〉

（中澤　尚紀）

目標 **12**　つくる責任　つかう責任

プラスチックの使用を減らすには
どうすればいいの？

―石油製品のメリット・デメリットに目を向けよう―

クローズアップ

▶私たちの生活と石油製品

▶レジ袋・プラスチック製ストロー

▶環境負荷

社会科学習におけるSDGs

　石油由来の製品は、我々の生活に根強く結びついており、毎日の生活の中で「石油」に関係するものを使わない、触らないという日はないといっても過言ではないだろう。なかでもプラスチック製品の多くは「使い捨て」されており、利用後、きちんと処理されないと、環境中に流出してしまう。最終的に行きつく場所が「海」であり、海洋プラスチック問題にもつながる。5mm以下になったプラスチックは、マイクロプラスチックと呼ばれており、これらは、細かくなっても自然分解することはなく、数百年間以上もの間、自然界に残り続けると考えられている。

　SDGsの12の目標の中に、「2030年までに、天然資源を持続的に管理し、効率よく使えるようにする」とあるが、我々にできることは、いかにプラスチック製品の使用量や石油製品、ひいては一次エネルギーを減らすような行動をとることが求められている。

　国内でも、法律が制定され、様々な取り組みがなされるようになってきた。自分自身でもできることは何か考えることが重要である。

子どもが動き出す発問・学習課題

《クイズで中身を確認する発問》

Q:身近なプラスチック製品は何だろう。

○文房具や日用品、容器包装プラスチック、電化製品など様々な製品につかわれており、具体的なものをあげさせ、暮らしに欠かせないことを実感できるようにしたい。

○企業における努力、例えばスターバックスでは、プラスチック製のストローを順次紙ストローへ変更していく方針を示している。また、日清食品は、カップヌードルの紙製のフタのタブを二つにすることで、フタ止めシールを廃止し、年間33トンのプラスチック原料を削減していく方針を打ち出した。

**SDGsに
つなげるポイント**

○石油精製工場において、原油が、ガソリン、ナフサ、灯油、軽油、重油などに生成される。このナフサを分解することで、プラスチック、合成繊維原料、合成ゴム、塗料、洗剤、農薬、医薬品などに生まれ変わっていく。石油から精製されるものは、生活のほとんどをしめており、減らすには、そもそも私たちの生活を見直す必要がある。

SDGsをアクティブに学ぶ！

《SDGsリンク＝深い学びの学習課題Q》

○プラスチックを削減するために、今までにどんな法律があ
り、今後どうなっていくだろう。

《事実の深掘り発問》

○レジ袋や使い捨てストローを減らすことによる他の影響に
ついても考えよう。

《新しい時代の学びへのアイデア》

○レジ袋のメリットとしては、石油・ガソリン・重油などの
精製時に必ず出るポリプロピレンという余りものを利用し
て作られているということ、レジ袋のリユース率が高いと
いうことが挙げられる。一方、エコバックは、それ自体を
作る環境コストもあるため、100回以上使い続けないと本
当の環境負荷軽減につながらないという。

○プラスチックストローの利点は自由に曲がって柔らかく安
全ということであり、エコ・ストローの種類によっては怪
我の原因になるなど障がいを持っている方にとっては、必
ずしもよいものとはいえない。世の中に出回っている情報
をうのみにすることなく、様々な視点から吟味し、どうい
う行動が本当の環境負荷軽減につながるかと考えることが
重要である。

《参考資料のQRコード》

●清水化学工業株式会社HP。レジ袋の良いところについて
様々な視点から考察している。

SDGsにつなげるポイント

○容器包装リサイク
ル法は1995年に制
定され、びん、缶、
ペットボトルなどの
リサイクルが始まっ
ている。この法律が
できた背景は、家庭
から出るごみの約
60%が容器包装で
あったこと、高度成
長期以後の「大量生
産、大量消費、大量
廃棄」により生み出
された大量の廃棄物
を埋め立てる最終処
分場の不足の懸念と
いうこともあり、今
の問題意識とは若干
のズレがある。
○2021年6月4日に
は、「プラスチック
資源循環法」が成立
し、ごみとなるプラ
スチックを減らすた
め、プラスチック製
品の製造から廃棄、
リサイクルに至るま
で、それぞれの段階
での対策が定められ
ている。環境省は
2022年4月の施行
を目指していて、今
後事業者や自治体に
求める具体的な対応
について検討を進め
ることとしている。

第2章 「経済」の学習にリンク

（岩坂　尚史）

「明日までに配達無料」は当たり前？

―トラック輸送の現状と課題に着目して―

クローズアップ

▶運送業

▶少子高齢化

▶トラックドライバー

社会科学習におけるSDGs

　運送業は、ネット通販が広く浸透したことによって小荷物運送の需要が増加している。一方で、集配ドライバーの供給がそれに追い付かず、捌ききれないほどの荷物が集まり、休憩時間が取れなかったり、長時間勤務になったりと、人手不足を背景としたトラックドライバーの過酷な労働環境の実態が明らかとなり、社会問題となっている。

　また、少子高齢化の影響もあり、若手ドライバーの数が減少し、トラックドライバーの年齢層の高齢化も進んでいる。「日本のトラック輸送産業　現状と課題2021」（全日本トラック協会）によると、2020年度のトラック運転事業を含む自動車運送事業は、40歳未満の若手ドライバーは全体の約27％である一方で、50歳以上が約43％を占めており、労働者の年齢バランスの悪化も課題になっている。

　ドライバー人材不足に対して、労働環境の改善が進められつつある。身近になったネット通販、即日配達が当たり前になっている現状から、それを支える人々の工夫や努力・運送業が抱える課題を知り、今後、どのように発展していくのか、関心を持たせたい。

子どもが動き出す発問・学習課題

《クイズで中身を確認する発問》

Q1:ネット通販で○○を買おうと思います。いつ届くでしょうか。

時間帯や商品、業者にも依るが、大手通販サイト「Amazon」を利用した場合、「○時間以内に注文した場合」「無料翌日配達」と表示される。

Q2:このグラフから何が分かるだろう？

ここでは、「道路貨物運送業　年齢階級別就業者構成比」（全日本トラック協会）のグラフを提示し、若手ドライバーの数が減少し、トラックドライバーの年齢層の高齢化が進んでいることを捉えさせる。

SDGsに つなげるポイント

・ネット通販は私たちの生活に欠かせないものとなっている。加えて、即品物が手元に届くことも当たり前になりつつある。ここでは、そのような利便性に着目させたい。

・また、そのような利便性を支える人々にも目を向け、運送業を支えるドライバーに関心を持たせたい。

SDGsをアクティブに学ぶ！

《SDGsリンク＝深い学びの学習課題Q》

・注文した荷物はどのようにして「早く安く確実に」私たちのもとに届くのだろう？

《事実の深掘り発問》

・消費者が配送サービスに求めるものは何だろう？

日本通信販売協会による「配送満足度調査」（2016年実施）によると、消費者が配送サービスで重視する点として「配送時間帯・日の指定」がポイントとして高く、「当日発送・翌日発送」への要望は低い現状が明らかにされている。

・「ドライバー不足の問題」に対してどのような取り組みがなされているだろう？

ギグワーカー（短期単発で仕事に従事する人）の参入、女性や外国人労働者の登用、自動・無人運転をはじめ、最新テクノロジーの活用などが模索されている。

《新しい時代の学びへのアイデア》

・ギグワーカーのような経験の浅いスタッフの活用が進められ、事業者及び消費者のニーズの多様化に対応しようとしている。それぞれのニーズに応えるために、事業モデルが大きく転換しつつあることを捉えさせたい。

《参考資料のQRコード》

●全日本トラック協会（2021）「日本のトラック輸送産業 現状と課題2021」

●刈屋大輔（2020）『ルポ　トラックドライバー』朝日新書

SDGsにつなげる**ポイント**

・配送サービスに対して消費者は、早く手元に商品が届くことよりも、自分の生活への都合に合わせて受け取ることのできるサービスを求めていることが分かる。

・消費者の立場として、自分たちや、家庭の人が求める配送サービスで重視する点を調べさせたい。

・なお、女性や外国人労働者の活用が目指されているが、大きな成果を挙げるまでには至っていない。

・ギグワーカーの代表例として「Uber Eats」などの配達があり、コロナ禍の影響で身近な存在となっている。

・サービスの品質を維持するために、教育や訓練の行き届いた正規雇用のスタッフが担うことが従前であった。

第**2**章　「経済」の学習にリンク

（川向　雄大）

目標 **2** 飢餓をゼロに 目標 **7** エネルギーをみんなにそしてクリーン

「もったいない！」から生まれた「うどん発電」とは？

―うどんまるごと循環プロジェクトの取り組み―

クローズアップ

▶食品ロス

▶バイオガス発電

▶地域循環共生圏
（ローカルSDGs）

社会科学習におけるSDGs

　日本で生み出される食品ロスは年間約600万トン以上。「うどん県」として知られる香川県では、製造過程に出る切れ端や、売れ残りのうどんなどの廃棄量が小麦換算で年間6000トンにもなっているという。こうした食品ロスの「もったいない！」を解決しようと、うどんを通して循環型社会について学べる「うどんまるごと循環プロジェクト」の取り組みが2012（平成24）年から展開されている。元々、飲食店で使われている割り箸のリサイクルや森林保全、環境教育の活動を行っていた「NPOグリーンコンシューマー高松」、讃岐うどんを全国に広めるきっかけを作った「さぬき麺業」、バイオガス発電プラントを開発した「ちよだ製作所」、地元の「小麦生産農家」、高松市内の「小学校」、環境問題への取り組みや環境教育の活動を支援してきた「香川県」や「香川県木材協会」、そして「うどんまるごと循環コンソーシアム」の設立・運営を担っている「一般社団法人Peace of New Earth」。これらの団体によるパートナーシップは、まさにSDGsの理念を体現するものである。

子どもが動き出す発問・学習課題

《クイズで中身を確認する発問》

Q:食品ロスになっている「うどん」をどのようなエネルギーに変えて発電しているのだろう？（ヒント：微生物の力を借りる）

　廃棄された「うどん（他の食品でも可）」を細かく砕いてタンクに入れ、微生物（酵母）の力で発酵・分解する時に発生するメタンガスを燃料とし、コージェネレーションで電気と発酵装置を温めるのに必要な熱を生み出している。ちよだ製作所では、ドイツの技術をもとに処理量の増加や発酵設備の小型化をはかり、システム全体の費用低減を実現した。「導入した企業が自らメンテナンスしやすい設計をする」という開発理念も持続可能性にかなっている。

SDGsにつなげるポイント

・酵母がうどんのでんぷんを食べて分解する際に、ガス以外にもエタノールを生成している。エタノールは燃料や消毒剤、化粧品、消臭スプレーなどの材料に使えるほか、うどんまるごと循環プロジェクトではうどんをゆでるのに使われている。最終的な残りかすは固形肥料、液肥として小麦やネギの栽培に利用される。（目標2、7、9、15）

SDGsをアクティブに学ぶ！

《SDGsリンク＝深い学びの学習課題Q》

・全国の食品工場が、工場内にメタンガス発電プラントを導入するとどのようなメリットがあるだろう？

・工場で規格外となった販売用のうどんには、発電に回す以外にどのような有効活用の道があるだろう？

《事実の深掘り発問》

・ちよだ製作所は、うどんからバイオエタノールを作る技術も持っているが、発電プラントの燃料としたのはメタンガスだった。なぜメタンにしたのだろう？バイオエタノール生産に関するデメリットについて調べて考えてみよう。

《新しい時代の学びへのアイデア》

・うどんまるごと循環プロジェクトは、NPOや企業、行政、農家、教育機関、ボランティアなどが関わる「うどんまるごと循環コンソーシアム」によって運営されている。様々な立場の人々が集まってパートナーシップを築き、主体的に問題解決していくことがこれからの社会に必要であり、地域循環共生圏（ローカルSDGs）で地域資源を補完し、支え合っているという視点でも捉えさせたい。

《参考資料のQRコード》

●うどんまるごと循環プロジェクト

　プロジェクト活動に関する情報および動画やメンバー、連携団体のWebサイトへのリンクなどが充実している。リンクにある「ローカルSDGs四国」や「四国地方ESD活動支援センター」の取り組みも参考にしたい。

SDGsにつなげるポイント

・これまで食品工場から出る廃棄物は焼却処分されており、CO2だけでなく焼却費用も発生していたが、売電による収益が出る。（目標9、13）

・社会福祉協議会や福祉施設と連携し、フードバンクやこども食堂に寄付されている。（目標1、2、12）

・エタノールにはエネルギー効率の問題がある。世界的にもトウモロコシやサトウキビからバイオエタノールをつくる動きがあるが、栽培時にかかる環境負荷を考慮すると必ずしも環境に良いとはいえない。（目標13、15）

・香川県廃棄物対策課や環境政策課との連携事業や、小中学校・大学・高専などへの出前授業など、パートナーシップによってプロジェクト活動が広がっている。（目標1、2、4、17）

（山口　康平）

第2章　「経済」の学習にリンク

111

目標 **8**　働きがいも経済成長も

アップサイクルで社会を彩れ！

―廃棄物が宝物に！ MOTTAINAI から　MOTTO　へ―

クローズアップ

▶3R
▶アップサイクル
▶KAMIKURU
▶CSV

社会科学習におけるSDGs

　2004年にアフリカ人女性として初めてノーベル平和賞を受賞したワンガリ・マータイ（ケニア）は、日本語の「もったいない」という言葉に感銘を受け、その後「MOTTAINAI」キャンペーンを展開したことはあまりにも有名である。日本人の国民性を表すこの言葉は、3Rに地球資源への尊敬の念（Respect）を込めたものとされ、世界中に伝播した。持続可能な循環型社会の素地となるマインドは脈々と受けつがれている。3Rは、循環型社会の基本となる考え方であることはいうまでもないが、SDGsの取組が活発に推し進められる中で、近年では、4つ目の資源活用方法として、「アップサイクル」が提唱されている。経済の側面から見れば、ここには、CSV（Creating Shared Value　社会的価値の共有）として、企業の新たな活動の創造や製品開発の可能性が見出せる。（CSVについては別項参照。）本稿の副題として、アップサイクルを象徴する言葉である「MOTTO」を掲げている。これは本校の授業で出されたキーワードであるが、各校でこうしたキャッチコピーを考えることも楽しい。

子どもが動き出す発問・学習課題

《クイズで中身を確認する発問》

Q:3Rとは、どのような意味だろうか？

Reduce（リデュース）：無駄な消費をなくすこと、Reuse（リユース）：使ったものを再利用する、Recycle（リサイクル）：廃棄物を分別し、再資源化する……という、環境への悪影響を減らし、循環型社会をつくろうとすること。

Q:では、「アップサイクル」とは？

廃棄物や不要品に"新しい価値"を加え、価値を高めて使うこと。逆の意味は「ダウンサイクル」。

Q:アップサイクルとリサイクルは何が違う？

特性を生かしながら手を加えて、違った製品に作りかえる。

SDGsにつなげるポイント

・SDGsの取り組みが進む中で、持続可能なものづくりの方法として、アップサイクルという考え方が広がっている。アップサイクルは、廃棄物や不要品を再び利用する、という点ではリユース・リサイクルと同じであるが、新たな価値、別の価値を付加して提供する点に違いがあり、またそこに、様々なSDGsのゴールを包含する可能性をもつ。

SDGsをアクティブに学ぶ！

《SDGsリンク＝深い学びの学習課題Q》

・社会でのアップサイクルの取り組みについて調べよう。

・KAMIKURUという北九州市での実証実験には、アップサイクルの考え方が取り込まれている。KAMIKURUは、どのようなゴールに向けて取り組まれているのだろう。その良さとはどんなところにあるのだろう？

《事実の深掘り発問》

・アップサイクルのアイデアについて話し合おう。その際、目標12（つくる責任　つかう責任）以外の目標を含めた活動にバージョンアップできないだろうか。

《新しい時代の学びへのアイデア》

・家庭生活や学校生活で使用し、廃棄されるもののアップサイクルアイデアを練り合う、実際に取り組んでみるなどは容易に実現できる学習活動である。また、大がかりな計画や構想については、自治体や企業に働きかけて、プロジェクト化して進めることも可能な場合がある。

・アップサイクルは、アートやファッションといった分野に先行事例が豊富である。STEAM教育の構想にも生かせる。

《参考資料のQRコード》

●環境省脱炭素ポータル

　カーボンニュートラル実現に向けた取り組み事例を掲載。特にトピックスでは、ファッションなど子ども達の関心の高い話題について、豊富なイラストやデータとともに紹介。

（柴田　康弘）

SDGsに つなげるポイント

・「新たな価値」を付加する、という点にSDGs達成につながる大切な視点がある。大量生産・大量消費の世の中に生きる子ども達に、新しい見方・考え方として働かせたい視点である。

・ダウンサイクルは、リユースの一環としてこれまでも行われてきている。歴史的に見れば、人糞の肥料としての活用もそれに該当するし、日常生活で言えば、破れたストッキングを拭き掃除に使用する、なども該当する。

・北九州市の産官学民による実証実験：KAMIKURUプロジェクトは、紙のアップサイクルの過程に多様な人の交流や連携、障がい者をはじめとした雇用の創出などを組み込み、計7つのSDGs目標項目に対応した好例である。（別項も参照されたい。）

第**2**章 「経済」の学習にリンク

その製品は誰にとっても使えるものですか？

―すべての人のために、すべての人でつくることによる技術革新―

クローズアップ

▶プロダクトインクルージョン

▶ダイバーシティ

▶インクルージョン

▶バイアス

社会科学習におけるSDGs

　私たちが生活している社会の中には、マジョリティや特定の消費者をターゲットとした製品も少なくない。プロダクトインクルージョンとは、これまで見過ごされてきた人たちの立場に立ち、インクルーシブ（包摂性）の視点からよりよい製品を生み出し、ビジネス面でも加速させていくことである。例えば、これから2,3年でインターネットユーザーとなる人数が7億人、障がいをもつ消費者の世界市場が1兆ドル（2017）、世界の女性の収入が18兆ドル（2020）、米国のLGBTQ市場が9170億ドル（2017）、米国における黒人の購買力が1.4兆ドル（2020）など、これまで十分にサービスが届けられていなかった消費者を取り込むことが可能となる。もちろんビジネス面だけでなく、消費者一人ひとりの多様性を理解し、誰も排除することのないようにすることも重要である。これまで見過ごされてきた人々の立場から考えることは、技術革新を促す契機ともなることから注目されている。このように、多様性や包摂性の実現を目指す社会における産業の発展や技術革新とのつながりを考えさせたい。

子どもが動き出す発問・学習課題

《クイズで中身を確認する発問》

Q:世界で視力障がいや失明により治療が必要にもかかわらず、治療を受けられていない人は何人ぐらいいるか？

… 2019年に、世界保健機関（WHO）が発表した視力に関する報告書によると、約10億人いるといわれている。主に低中所得国の高齢化やライフスタイルの変化、治療が受けられないことなどが主な要因として挙げられている。

Q:2019年、NASAが女性のみの宇宙遊泳を実施したと発表した。これまで行われなかったのはなぜだろう？

…もともと宇宙服が男性用しかつくられておらず、女性に合うサイズがなかったから。

SDGsにつなげるポイント

・メガネを手に入れることのできない人が約10億人いるともいえる。低中所得国が中心であることから、特徴に応じたメガネを低価格で提供できることが製品開発の上で求められる。

・男性優位といわれていた中で開発された宇宙服も、長い年月をかけて女性にも合う宇宙服を開発する中で、技術革新も進んだ。

SDGsをアクティブに学ぶ！

《SDGsリンク＝深い学びの学習課題Q》

・誰にとっても使いやすい製品をつくる過程で、どのような
工夫が必要なのだろう？

・「○○（製品名）」は、誰にとって使いやすい？一方で、ど
のような人たちにとっては使いにくいだろうか？

・「○○（製品名）」は、どのような工夫をすれば誰にとって
も使いやすいものになるだろうか？理由も考えよう。

《事実の深掘り発問》

・私たちの生活の中には、右利きの人にとって使いやすい
けれども、左利きの人にとっては使いにくいものがありま
す。具体的にどのようなものがあるか、見つけてみよう。

・インクルーシブな視点によって生み出された製品にはどの
ようなものがあるだろうか？

・インクルーシブな視点によって、どのような技術革新を起
こしているのか、具体例を見つけてみよう。

《新しい時代の学びへのアイデア》

・日常生活の中にある身近なものを取り上げ、インクルーシ
ブな視点を働かせた自由研究として取り組むのもよい。

《参考資料のQRコード》

●Google社のホームページ

　Google社の取り組み事例や考え方が掲載されている。

《参考文献》アニー・ジャン＝バティスト著、百合田香織訳
（2021）『Google流ダイバーシティ＆インクルージョン：
インクルーシブな製品開発のための方法と実践』BNN.

SDGsに
つなげるポイント

・例えば、小学校第
5学年の工業生産の
しくみに関する単元
においても、「消費
者の需要や社会の変
化に対応」にかかわ
る視点として、「イ
ンクルージョン」を
取り上げることも重
要である。

・誰もがバイアス
（偏り、先入観）を
持っており、無意識
で気づきにくいこと
についても考えさせ
たい。

・疎外（エクスクル
ージョン）がどのよ
うなものか、つまり
どのような人たちが
見落とされ無視され
てきたのかについて
理解をすることが、
インクルージョンの
理解につながる。

・インクルージョン
の視点は、単なる多
様性を理解し尊重す
るだけにとどまら
ず、より多くの消費
者を獲得することや
技術革新につながる
ことについても考え
させたい。

第2章 「経済」の学習にリンク

（西口　卓磨）

どうして「今も」
沖縄県にアメリカ軍の基地があるの？

―沖縄の米軍基地問題をどのように捉えるか―

クローズアップ

▶沖縄県

▶アメリカ軍基地

▶選択・判断

社会科学習におけるSDGs

　沖縄県には、日本国内の米軍基地の約70％が集中しており、米軍基地の問題も教科書に取り上げられている。

　「何が正しいのか分からなくなってきた」。このコメントは、筆者が名護市辺野古の米軍基地建設現場に行った時に、ある沖縄の新聞記者の方から聞いたものである。そこでは、土砂搬入を止めるためにゲート前に座り込む人、メガホンをもって声をあげて抗議する人、一方で、淡々と座り込む人を移動させる警察官、土砂を積んだトラックの中でじっとハンドルを握る運転手など、様々な立場の人がその現場に混在していた。

　「その場にいる人の思いはそれぞれ違っていて、一面を切り取ればみんな正しい。結局、何が正しいのか分からなくなってきた」。この言葉のように、実際の社会的問題に対峙する人々であっても様々な立場が混在しており、安易にどちらが正しいと判断することはできない。そういった現状があることを教師自身が知っておき、子どもたちと一緒に考えていくような授業展開も必要ではないだろうか。

子どもが動き出す発問・学習課題

《クイズで中身を確認する発問》

Q1:これは何の写真でしょうか。

　沖縄県宜野湾市にある普天間飛行場の写真を見せて考えさせる。

　飛行場の周りに住宅があることや、それに伴って騒音はどうなのかなどを気づいたことや疑問を挙げる。

Q2:この場所には何があるでしょう？

　沖縄県の土地利用図を見せて考えさせる。

　土地利用図から、沖縄島ではアメリカの軍用地が広い面積を占めていることに、自分たちの住む地域と比較し、気づかせる。

SDGsに
つなげるポイント

・ここでは、できるだけ疑問を挙げさせて、学習課題づくりへとつなげたい。学習課題で補えない疑問は自主学習として扱うとよい。

・自分たちの住む地域と比べてどうかを考えさせて、沖縄県の土地利用の特質を浮き彫りにする。

SDGsをアクティブに学ぶ！

《SDGsリンク＝深い学びの学習課題Q》

・どうして「今も」沖縄県にアメリカ軍の基地があるのだろう？

《事実の深掘り発問》

・アメリカ軍の基地の建設は現在も名護市辺野古で行われているが、基地の建設現場はどのような様子なのだろう？

　名護市辺野古の米軍基地建設現場での土砂搬入のトラックが現場に入る様子の動画資料を見せ、様々な立場の人が混在していることを確認する。

・沖縄県の人々はどのような意識なのだろう？

　戦中や戦後のアメリカ軍基地のトラブル被害による痛みの歴史を抱え、基地反対の立場の人もいる一方、すでに基地が沖縄県の一部として共存していることや他国からの侵略の歯止めとなっていることから現実問題としてアメリカ軍基地を容認する立場の人もいる。

《新しい時代の学びへのアイデア》

・現実社会でも解決がなされていない問題を扱うため、それ自体の直接的な解決はできない。子どもから出てくる「なんで？」「おかしい！」という想いを大切にし、授業内で扱えなかった疑問などは、自主学習を活用できるとよい。

《参考資料のQRコード》

● 「沖縄県から伝えたい。米軍基地の話Q&A Book」（沖縄県知事公室基地対策課）Q&A形式でアメリカ軍基地の疑問を解説している。

SDGsにつなげるポイント

・沖縄県は日本の国土面積の約0.6%であるが、そのような沖縄県に日本国内のアメリカ軍専用施設の約70%が集中している。ここから、沖縄県の基地負担の不平等な現状がみえてくる。

・持続可能で平和な社会を実現するためにも、戦争のきっかけとなる基地は不必要であるが、未だに世界では様々な紛争や緊張状態が続いている現状があり、現実的な対応として、武力均衡を保つことが必要であるという立場も一定数いるということも伝えなければならない。また、選挙でも、基地問題が政策の論点となっている。

第**3**章 「政治」の学習にリンク

（川向　雄大）

117

平和憲法は世界の人々の幸福を創ろうとした

—今こそ「公共」「政経」で憲法の原理を学ぼう—

クローズアップ

▶ 平和的生存権

▶「恐怖と欠乏から免れ」

▶ 戦争の放棄

▶ 難民支援

社会科学習におけるSDGs

　「誰一人取り残さない」というSDGsの理念において、世界平和で公正な社会（目標16）の下で生活をおくることは、すべての世界の市民の権利である。そのことに関連して、日本では大日本帝国憲法を改正して日本国憲法が成立した。憲法前文にある戦後国際社会で、日本が再出発をする上で大きく変化した法規範である憲法の役割は大きい。さらに、その精神は憲法前文に書かれており、日本国民を代表し世界の平和を愛する諸国民との連帯を謳い上げている。

　70年以上も前に国家の戦争行為への反省から生まれた憲法が、現在でも、国際社会と日本人が関わり共に歩むための指針であることは間違いない。前文や9条の原理は、国際支援に取り組む国家像を提起してきた。例を挙げれば、アフガニスタンやミャンマー、シリアで今も、「専制と隷従、圧迫と偏狭」の中にいる市民に、人類として日本人として何をなすべきかを感じるような授業が、サステイナブルな（持続可能な）社会の創造に欠かせない。難民支援、ペシャワール会の中村哲の業績にも触れながら、憲法原理とその実践者を知る授業が必要である。

子どもが動き出す発問・学習課題

《クイズで中身を確認する発問》

Q:日本の「平和的生存権」に基づく国際支援は、どんな視点が必要だろうか？

「平和的生存権」…憲法前文「全世界の国民がひとしく恐怖と欠乏から免れ」るように貢献することを、憲法が国際社会に約束している。

「戦争放棄」…「再び戦争の惨禍」が起こらないように、武力以外の方法で社会にコミットすることこそ、積極的平和主義である。

「難民支援」…八千万人にちかい難民の実態に合わせて、日本の適切な受け入れケアが求められている。

SDGsにつなげるポイント

「平和と公正をすべての人」に実現するために、憲法前文の平和的生存権・平和主義の能動的な実現が欠かせない。それは法知識による政策のTransformation（変革）を考える原理として確認することが大事であり、具体的な支援例（難民、水不足の解消）をあげて、国際連帯の視点を生徒に持たせたい。それによってSDGsは達成される。

SDGsをアクティブに学ぶ！

《SDGsリンク＝深い学びの学習課題Q》

・世界の難民の数、日本の受け入れ数を調査してみよう。

・中村哲について考えてみよう。

《事実の深掘り発問》

・どうして憲法前文には日本国民の決意が民定憲法として示されているのに、十分に平和的生存権の保障に動いてこなかったのだろう。

・自分や仲間でもできる国際連帯行動はないか考えてみる。そのために、自分の気になる世界の各地の平和的生存権が脅かされているケースを、国際ネットニュースや国際系報道番組からリサーチしてみてはどうだろうか。

《新しい時代の学びへのアイデア》

・海外の難民支援の現場からの報告を一部抜粋して、子どもに平和的生存権の実践を伝える。一方、日本の難民認定数をG7諸国と比較して考察させる。

・中村哲の生き方、支援の方法、人道支援の大切を考察し、武力を伴わない平和的な海外連帯について考察させる。

世界の市民が平和で公正な社会の下で生活をおくることは、SDGsと憲法前文の理念の実現であることを具体例から理解させる。

《参考資料のQRコード》

●UNHCR日本HP

●根本かおる『難民鎖国ニッポンのゆくえ』（ポプラ新書）

●ガフワラ『カカ・ムラド　～ナカムラのおじさん』（双葉社）

国際支援するとは何か考えが分かる。

SDGsにつなげるポイント

・1947年に制定された日本国憲法では、平和主義の原則が、前文と9条に示されている。

・平和的生存権による国際連帯は、国連・NGO・一般市民別に関わっていることをセクター別に調査し考えさせたい。

・市民（社会）として、国や国連に任せるだけでなく、憲法前文を実践している日本人を調べる。参考になるNGOを探す。中村哲の憲法とのかかわる発言から学ぶ。

・難民、移民、非正規滞在者とともに暮らせる日本になるために、その実情を政府データで知ったり、多く海外の方がいる地域にフィールドワークし、海外の人の日常生活と関わらせて、多文化に配慮することを体験する。

第**3**章　「政治」の学習にリンク

（杉浦　真理）

目標 **5** ジェンダー平等を実現しよう

日本の女性は決定権のある仕事に就けていないの？

―ジェンダー格差を超える社会をつくるには―

クローズアップ

- ▶ジェンダー
- ▶国会議員ジェンダーギャップ
- ▶企業ジェンダーギャップ

社会科学習におけるSDGs

　ジェンダー平等は、ある元JOC役員の発言で、日本社会の重大な課題と社会に認識された。世界フォーラムのジェンダーギャップ指数をみると世界の中でもかなり日本は低く問題が指摘されていた。特に国会議員の男女比率（女性10％衆議院議員2012年8月）、大企業の管理職（部長以上、千人以上規模）の比率（女性2.6％、厚労省H30）と、決定権に関わる仕事に女性が女性であるというだけで就けていないことは明白である。このような課題は、半分の性の声が国や企業に反映されていないことを意味しており、日本社会が持続可能であるとはいえない。このことが、過労死を厭わない男性長時間労働を生み出している。また、議員の女性の比率の低さは、生活者目線の政策が実現されないことにもつながっている。政治の世界ではパリテ制（フランス）がある。日本の雇用には、障がい者雇用の一定比率義務付けがある。このように、マイノリティをエンパワーするしくみ（保育所の増設）や制度（育児休業）なども一定程度進んでいるが、まだまだ女性がエンパワーメントされていない。そこで、高校生でもできる学習が必要になっている。

子どもが動き出す発問・学習課題

《クイズで中身を確認する発問》

Q:日本のジェンダー差別に基づく社会はいつから始まったのだろうか？

「明治の近代化」…明治の近代化は底辺労働の女工を生み出し、農村から都市への人口移動をもたらした。それを管理指導するのは男性であった。

「核家族化」…戦後は親子で家庭ができ、三世代家庭はめずらしくなった。育児・家事の多くは女性一人に任された。

「男女役割分業論」…男はモーレツサラリーマンであり社畜ということばすら生まれた。女性は団地で育児家事で家庭を支えるという考えから、専業主婦ということばが生まれた。

SDGsにつなげるポイント

・近代以前は、武家商家以外は男尊女卑はなかった。戸主制度が入ったの明治からで、家長は男子とされ、女性は財産無能力とされた。戦後、憲法はジェンダー平等につながる男女平等（14条）を制定したが、会社内での女性地位向上は進まず。戦後最初の衆議院選挙で女性比率は向上したが、その後低迷を続けている。

SDGsをアクティブに学ぶ！

《SDGsリンク＝深い学びの学習課題Q》

・決定権のある立場の女性をどう増やすか。

・どのような制度を導入したらジェンダー平等になるのか。

《事実の深掘り発問》

・クウォーター制など、一定の比率を義務づける法律案を創
るのはどうだろうか。国会議員に代わって議員として、パ
リテ制を導入するか議論するのはどうだろうか。

・ここ数年でいくつかの管理職の女性を増やした企業（政府
目標30%）を調べその方法を調査しましょう。

・上記のジェンダー平等を阻む要因はなにか、伝統以外に、
日本の国会議員、企業風土をインタビュー調査をしてみま
しょう。

《新しい時代の学びへのアイデア》

・株主が経営陣に株主総会で提案をするなら、どんな提案を
してジェンダー平等を実現するか、提案文書を考えてみる。

・生徒の君たちが、国会議員に請願をしてはどうだろうか。
その際、自分たちのジェンダー平等への提案を考えてまわり
の人々に意見を聞くと良いだろう。

《参考資料のQRコード》

●国連ウィメン日本協会HP

●男女共同参画社会の内閣府HP

●山下泰子『男女平等はどこまで進んだのか』（2018）

男女平等、ジェンダー平等の現状把握と、そこへの努力は
どうなされてきたのかを学ぶことができる。

SDGsに つなげるポイント

・世界のジェンダー
ギャップ指数の報道
は毎年されており、
また、内閣府もこの
課題に取り組んでい
る。主体的に高校生
が調査し提案するこ
とで、目標5の達成
へ近づく方法を調べ
させたい。

・続いて、調べた知
見から提案文書をつ
くり、国会議員や経
営者に提案をさせた
い。このようなアク
ションが、社会をつ
くり変えるアクティ
ブな市民を産み出す
ことができる。

・SDGsに関する取
組みやジェンダーに
関するニュースは、
日々更新されてい
る。インターネット
等を活用し、最新の
情報を扱うことも重
要である。

（杉浦　真理）

第3章 「政治」の学習にリンク

男性の育児休業取得率が あがらないのは誰のせい？

―人々の意識の中にある問題をとらえよう―

クローズアップ

▶ジェンダー

▶ジェンダーバイアス

▶育児・介護休業法

社会科学習におけるSDGs

　ジェンダーとは、文化的・社会的に形成された男女の性差のことである。世界経済フォーラムが「Global Gender Gap Report 2021」の中で公表した男女格差を図るジェンダー・ギャップ指数を見ると、日本は156か国中120位であり、世界的にも男女格差の大きい国のうちの一つとなっている。また、内閣府の令和元年度世論調査では、「社会通念・慣習・しきたりなどにおいて男女の地位は平等になっていると思うか」という設問において、「男性の方が優遇されている」（70.1%）、「平等」（22.6%）、「女性の方が優遇されている」（2.3%）と回答している現状がある。こうした現状から、ジェンダーの問題が法制度の整備だけでなく、人々の意識の中にある問題であることをとらえさせる必要がある。社会科の学習においては、男女雇用機会均等法において雇用に関する男女の格差を捉えたり、育児・介護休業法では男性の取得率などから男女の格差を捉えたりする。これらの学習では、制定時の社会状況の把握や法制度の整備の経緯をとらえるだけでなく、無意識の中にある偏見などについてもとらえさせたい。

子どもが動き出す発問・学習課題

《クイズで中身を確認する発問》

Q:「妻」「奥さん」「家内」は、いつ頃の時代からどのようなことをさして呼ぶようになったのだろう？

「妻」…『古事記』にも書かれており、当時は親に認められて共に生活するようになった女性のことを呼んでいた。

「奥さん」…室町時代、屋敷の奥方（奥の方という意味）にパートナーを住まわせていて、人々が敬意をこめて「奥方」と呼んでいたものが、「奥様」や「奥さん」に変化した。

「家内」…明治時代、男性は会社で働き、女性は家の中を守るという家族が増え、家の外で働く人がパートナーを家の中にいるという意味で「家内」と呼ぶようになった。

SDGsに つなげる**ポイント**

・社会通念・慣習などにおいて、男性が優遇されている考え方が残っている要因の一つに日常生活で使われている言葉がある。それぞれの言葉には様々な社会状況の中で生み出されてきたものもある。歴史を紐解く中で、女性のおかれていた立場について理解を深め、ジェンダーの視点から問い直させたい。

SDGsをアクティブに学ぶ！

《SDGsリンク＝深い学びの学習課題Q》

・男はどう呼ばれていたか？

・身分制度のなごりを調べてみよう。

《事実の深掘り発問》

・労働基準法で男女同一賃金の原則が示されていたり、男女
雇用機会均等法で性別によらず均等な機会や待遇の確保に
ついて示されていたりしているにもかかわらず、どうして
性別による賃金の格差が大きいのはなぜだろう？

・どうして男性の育児休業の取得率が低く、また男女により
取得率の差が大きいのだろう？理由を調べてみよう。

・厚生労働省の取り組みの一つである「くる
みんマーク」。どんな意味で、どんな思い
でつくられたのだろう？

《新しい時代の学びへのアイデア》

・性別によってちがいのある身近な事例を見つけて、公正の
視点から事例を分析させることで、興味・関心を引き出す
だけでなく、自分事としてとらえさせる機会としたい。

・内閣府や厚生労働省などの省庁のホームページで、過去の
データや国際比較データの閲覧が可能なため、一人ひとり
の関心に応じた調べ学習も有効である。

《参考資料のQRコード》

●内閣府男女共同参画局ホームページ

国内外の調査結果や動向などのデータ、男女共同参画に関
する取り組みについての情報が掲載されている。

（西口　卓磨）

SDGsに つなげるポイント

・1947年に制定された労働基準法では、男女同一賃金の原則が示されている。

・賃金や育児休暇取得率などの男女格差の背景には、性別による業務内容のちがいなどがあることに着目させたい。

・男性の育児休業の取得率が上昇しない理由として、法制度の問題だけでなく、職場環境や職場の理解なども挙げられていることに着目したい。その中で、従来の性別による役割分業が適切かについて問い直させたい。

・SDGsに関する取り組みやジェンダーに関するニュースは、日々更新されている。インターネット等を活用し、最新の情報を扱うことも重要である。

第**3**章 「政治」の学習にリンク

目標 **11** 住み続けられるまちづくりを

未来を見据えたまちづくりに私たちはどう関わる?

―地域の持続可能性を探ろう―

クローズアップ

- ▶持続可能なまちづくり
- ▶SDGs未来都市
- ▶北九州市

社会科学習におけるSDGs

新しい学習指導要領では、地理的分野の最終単元として、「地域の在り方」が設定されている。ここでは、地域の課題解決の取り組みの理解、そして地域の課題解決に向けた考察が求められており、その着目すべき視点の一つに、「持続可能性」が示されている。ややもするとSDGsを通した学びは、新しい知識の獲得や深い考察を伴わないボランティア活動や目の前の行動化に矮小化されたり、壮大な地球規模の理想論としての学習に陥ってしまう(それでも実施されないよりは断然有益であるが)。その点、子どもたちに身近な地域の学習は、市民としての切実な問題意識をもとに、手の届く地域社会に参画したり、学校外の他者と協働したりすることも可能である。こうしてより具体的なイメージを伴った学習としてデザインすることが可能となる。北九州市をはじめとした「SDGs未来都市」は全国に存在しており、その特徴も多様である。こうしたモデル都市の事例を通して、我がまちの未来にも思いを馳せるような学習を、社会科他分野や、総合的な学習の時間、他教科等との関連も念頭にダイナミックに展開したい。

子どもが動き出す発問・学習課題

《クイズで中身を確認する発問》

Q:「北九州」という都市のイメージはどのようなものだろうか?

「工業都市」のイメージ…官営八幡製鉄所の操業開始以後、北九州工業地帯の中心となって発展し日本の経済成長を支えた「鉄の街」。

「公害とその克服」のイメージ…工業発展の一方、大気汚染や水質汚濁などの公害が深刻化したものの、その後市民の力で克服した環境対策に熱心な街。

「政令指定都市」…旧5市合併により、地方で初めての政令指定都市に。かつては九州最大の都市であった。

SDGsにつなげるポイント

・現在では、「SDGs未来都市」としての存在感の強い北九州市であるが、かつては工業都市として発展してきた。北九州工業地帯は、社会科学習で必須の内容であるが、時代の変化に合わせて、街のイメージも変化してきたことをつかませたい。なお、この内容は、北九州エリア以外の全国の学校でも事例学習として活用可能である。

SDGsをアクティブに学ぶ！

《SDGsリンク＝深い学びの学習課題Q》

・北九州市は、SDGs未来都市としてどのようなまちづくりを目指しているのだろうか？

・北九州市の優先しようとしている目標やターゲットはどのようなものだろうか？その理由とは？

《事実の深掘り発問》

・北九州市が抱える課題の中で、他の地域でもみられるもの、北九州に特徴的にみられるもの、を分類してみよう。

・他のSDGs未来都市にはどのような都市が選定されているだろうか？また、それぞれの都市の特色やウリとは、どのようなものだろうか？日本地図に整理してまとめてみよう。

《新しい時代の学びへのアイデア》

・北九州市や他の都市を事例として学習した後、自らの住むまちの過去、現在、未来について対比して調べさせることで、地域の在り方学習として深めていきたい。

・その後、子どもたちの学習成果を地元自治体の担当者等を通じて地域に発信していくことも有意義である。公民的分野：地方自治や総合的な学習の時間との関連による地方創生学習も可能である。

《参考資料のQRコード》

●北九州市ホームページ　SDGs未来都市

　北九州市が目指すSDGs未来都市としての都市計画・戦略が、地域の実態を踏まえて詳細に示されている。

SDGsにつなげるポイント

・「SDGs未来都市」とは、SDGsの理念に沿った取り組みを推進する都市、地域の中で特に優れた取り組みを行っているものを、内閣府により選定された都市である。この中でも北九州市は、特に先導的な取り組みを行っている都市として、「自治体SDGsモデル事業」にも選定された。

・地方的特殊性や一般的共通性に着目させ、地理学習の見方・考え方としての「空間的相互依存作用」や「地域」を意識させる。これにより、北九州市を事例として学んだ後、子どもたちが居住する地域の在り方を考える端緒となる。

・近年、各自治体のまちづくり総合戦略が、地方創生の動きと関わってホームページや広報誌等で公開されており、参考になる。

（柴田　康弘）

目標 **11**　住み続けられるまちづくりを

「ずっといいまち・私たちの〇〇市」を実現するには？

―「わたしのまちのSDGs」をつくり、社会の持続可能性への理解を深めよう―

クローズアップ

▶SDGs

▶社会参画

▶地方自治

▶まちづくり

社会科学習におけるSDGs

　"Think globally, act locally" は、国際社会の持続発展を考える上で非常に重要な概念である。昨今、「グローバル人材」という言葉を様々な所で耳にするが、それは単に海外で活躍する人をさすものではない。グローバルはあらゆるローカルの集合体であり、ICTの発展した現在において、一つひとつのローカルは、いまや容易にグローバルにアクセスし得る可能性をもっているとも捉えられる。「グローカル」という新語の登場がこのことを顕著に示しているといえよう。SDGsの達成をめざすための教育においても、国際的視野と、様々な場面への汎用性が高い資質・能力を生徒に育み、地に足の着いた実践を重ねていくことが肝要と考える。本教材は、SDGsの観点から自分たちの暮らすまちの課題を捉えたり、反対に、自分たちの暮らすまちの課題からSDGsを捉え直したりする活動を通して、「グローカル」の視点でまちづくりの将来像を考えさせることをねらう。人口の増減や財源の確保に対する取り組み、祭りなどの伝統や文化を後世に引き継ぐための枠組み作りなど、地域独自の問題を通して、問題解決能力を養いたい。

子どもが動き出す発問・学習課題

《クイズで中身を確認する発問》

Q:あなたが「グローバルな人」と聞いて連想する人物は、誰ですか？また、それはどうしてですか？

Q:「SDGs」を知っていますか？また、その17の目標には、どのようなものがあると思いますか？

Q:「SDGs」の17の目標のピクトグラムがそれぞれ何を意味しているか考え、絵と説明文を線でつないでみよう。
（※クイズとして出題するのであれば、【目標10.人や国の不平等をなくそう】などが面白い。）

Q:「SDGs」の前に設定されていた、「ミレニアム開発目標」の達成度は、どの程度だったでしょう？

SDGsにつなげるポイント

・テレビや街角など、様々な場所で見聞きする機会が多くなった「SDGs（持続可能な開発目標）」であるが、その内容項目を詳しく知る生徒は多くない。そこで、「一人ひとりがSDGsを知ることが、SDGsの達成に繋がっていく」という視点から、SDGs自体を学習の対象に設定した授業展開も有効であると考え、教材化を試みた。

SDGsをアクティブに学ぶ！

《SDGsリンク＝深い学びの学習課題Q》

・あなたは、日本は「SDGs」をどの程度達成できていると思いますか？

・「SDGs」の達成に向けた、国や民間企業の取り組みを調べてみよう。

《事実の深掘り発問》

・私たちのまちの「SDGs」を考えよう。（「ずっといいまち、私たちの○○市（町村）」を実現するための具体的な目標、スローガンをつくろう。）

・「SDGs」の17の目標に足りない要素はないだろうか？
（※なお、私が授業を担当する学級では、「固有の文化や伝統の保護」という視点をもっと盛り込むべきでは、という意見が挙がった。自分のまちの暮らしをイメージさせたため、このような気付きがあったのではないかと考察する。）

《新しい時代の学びへのアイデア》

・Googleアプリケーション（グーグルドキュメント、グーグルスライド、グーグルサイト等）の共同編集機能を使用すれば、レポートやプレゼンテーション、ウェブサイト等の共同作成が容易になる。学習の成果をホームページにまとめ公開するなど、社会に開かれた学びも展開可能である。

《参考資料のQRコード》

●外務省ホームページ「Japan SDGs Action Platform」

　SDGsについての解説と、日本政府の取り組みなどが動画等で分かりやすく説明されている。

（宮本　一輝）

SDGsにつなげるポイント

・この教材は、地理的分野の「身近な地域の調査」だけでなく、歴史学習の終末部や、公民的分野「現代社会」、「地方自治」、「国際社会」など、これからの時代の社会を見通す学習場面で用いやすい。また、自分のまちを教材として取り上げるため、総合的な学習の時間との親和性も高い。自分の暮らすまちについて考えることは、きっと情動にも作用するであろう。子どもの実態に合わせ、学習が系統的に展開されるよう、本教材を学習計画に位置付けるとよい。

・「持続可能性」は、世界じゅうのあらゆる問題をつらぬく鍵概念である。したがって、地域の「持続可能性」を考えさせる中で、世界の諸問題に汎用できる思考方法やスキルを育成することは、きっと可能である。

今からできる取り組みを社会に向けて発信しよう

―学校外の人と協力して、市民としての活動を―

クローズアップ

▶ 社会参画，協働

▶ 教室を越える学び

▶ コレクティブ・インパクト

社会科学習におけるSDGs

　SDGsが目指す地球規模の課題解決には、地球規模の取り組みが不可欠である。SDGsの学びは、こうした取り組みを推進するための資質・能力を育む上で重要であることは論を俟たない。ここでは、更に歩を進めて、市民的資質教育・主権者教育としての役割に自覚的な社会科学習として、ある学級、学校の取り組みを、よりリアルな市民活動・社会参画として実現したい。そのカギは、「コレクティブ・インパクト」アプローチ（以下、CI）にある。CIとは、集合的な社会変革、すなわち、異なる立場の関係者の協働によって、個別の努力の限界を超えて、協働を通じて大きな変化を生み出そうとするものである。社会に関わるリアルな学びは、学校だけではなし得ない。かといって、ゲストティーチャーとして専門家を招き話を聞いても、問題意識は自分事化しにくい。持続可能な地域をつくる、そのための課題解決という共通の目的に対して、子どもたちも市民の一人として参画することを可能とするCIは、SDGs達成を目指す社会科学習として、重要な考え方を提示している。

子どもが動き出す発問・学習課題

《クイズで中身を確認する発問》

Q:私たちのまちの抱える課題について、列挙してみよう。

　（以下は例）人口減少、少子高齢化がこの20年で一気に進行している。それに伴って、産業構造も変化してきており、これまで大きな比重を占めてきた第2次産業の割合が低下している。税収減に伴いプライマリーバランスが厳しくなっている。外国人の流入増加により、共生し、快適に生活する環境作りが必須。など。

Q:こうした課題に向き合う方とは、どんな方だろうか？

　市長をはじめとした市役所の●●課の方。地元企業■■は熱心に取り組んでいる。自治会長（町内会長）さん、など。

SDGsにつなげるポイント

・本学習は、公民的分野の内容（2）C「私たちと政治」における「地方自治」、またはD「私たちと国際社会の諸課題」における「より良い社会を目指して」での実施を想定している。居住地の持続可能性に着目した具体的な地域課題の探究活動、そしてその提案、発信を、「市民の一員」として行わせたい。

SDGsをアクティブに学ぶ！

《SDGsリンク＝深い学びの学習課題Q》

・私たちの住む●●市では、こうした課題にどのように取り組もうとしているのだろうか？

・担当者や専門家の方に連絡を取り、地域課題解決に対しての協力を依頼しよう。

《事実の深掘り発問》

・私たちの学習に、協力して頂ける皆さんの問題意識は、どのようなところにあるか。それはどんな理由だろうか？

・私たちの問題意識や思いと共通するところ、または異なるところとはどのようなところだろうか？

・課題解決に向けて働きかけるターゲットは、どのような人々（地域、年齢、考え方など）を想定すべきだろうか。

・課題解決に向けた取り組みのアイデアの中で、実行することが難しいものについて、その原因を分析しよう。

《新しい時代の学びへのアイデア》

・課題解決のための提案を、学校「外」の多くの市民に向けて、様々な媒体（例えば、学校や自治体、企業のホームページ、市の広報誌、SNS）で提案する方法を考えさせることで、学びが更に広がる。他教科等との連携によるカリキュラム・マネジメントとしても有効である。

《参考資料のQRコード》

●福岡教育大学附属小倉中学校ホームページ

本校では、カリキュラム・マネジメントとして多様なステークホルダーとの協働による学びを推進しており、随時ホームページ等で公開している。

（柴田　康弘）

SDGsにつなげるポイント

・本学習提案では、CIの考え方を組み込んだデザインの大きな枠組みを示そうしているため、他の事例とは趣を異にしていることを断っておきたい。なおこの考え方は、筆者による他の提案事例にも息づいている。

・現状では、とても持続可能とは考えられないような、具体的な居住地域の課題を設定したい。

・学校外部の方にとって、本学習に協力して頂くことが負担になっては本末転倒である。学習事前の、担当者との綿密な打ち合わせにより、目標（CIでいう「共通のアジェンダ」）をしっかり確認しておく必要がある。要は、お互いにとってのwin-winでなければならないのである。

目標　**6**　安全な水とトイレを世界中に

どのようにして砂漠に緑が戻ったの？

―きれいで豊かな水が何をもたらすのか考えよう―

クローズアップ

▶ 飲用水

▶ 用水路

▶ 農業振興支援

社会科学習におけるSDGs

　unicefによると、水道の設備がない暮らしをしている人は世界に20億人いる。これは地球上の人口の約4人に1人の割合にあたる。例えば、アフガニスタンでは、2015年時点で45％の人が安全な水にアクセスできない環境にいる。他国と比べても大変厳しい状況にあるアフガニスタンであるが、2000年時点では70％の人が安全な水にアクセスできなかった。わずか15年間で大きく改善されたことが分かるだろう。この取組に多大な貢献をした日本人がいる。2019年12月にアフガニスタン東部のジャララバードで銃撃により亡くなった中村哲氏である。彼は、1984年にパキスタンのペシャワールに赴任し、ハンセン病を中心とした貧困層の診療に携わり、1986年からはアフガニスタン難民のための医療チームを結成し、現地の人々に人道支援を続けてきた。病気を治す医者がなぜ飲用水確保のために井戸を掘り、農業振興のために用水路を拓いたのか。中村哲氏の営みを取り上げることでSDGsはただの目標ではなく、人々の考え方と行動が変わるからこそ実行できるものであるという社会参画意識を育んでいきたい。

子どもが動き出す発問・学習課題

《クイズで中身を確認する発問》

Q:開発途上国を助けるために「井戸」や「用水路」を作ると、どんな効果があるのだろう？

「井戸」…安全な飲み水が確保できない地域の人々が、汚水を□にして感染症にかかったり、子どもが重い水を運ぶのに何時間もかけて歩き、教育を受ける時間をなくしたりするのを防ぐことができる。

「用水路」…砂漠に緑が戻り、農業ができるようになる。農業ができると外国の支援物資に頼らなくて済み、経済的自立が図れる。働く場所ができるので出稼ぎに行かなくてもよいし、傭兵になって戦場に行く必要もなくなる。

SDGsにつなげるポイント

・中村哲氏の「百の診療所より一本の用水路」という言葉には、彼が支援を目的にアフガニスタンに入った後、現地の苦しむ人々を助けるためには医療の前に安全な水が必要であるとの確信が込められている。安全な飲み水によって健康が守られ、豊富な水によって食料と仕事と安心できる生活が守られるのである。

SDGsをアクティブに学ぶ！

《SDGsリンク＝深い学びの学習課題Q》

・どうすれば安全な飲用水を作れるのだろう。

・砂漠に水が来ると何が変わるのだろう。

《事実の深掘り発問》

・アフガニスタンでは、地球規模での気候変動によって砂漠化が進んだとされている。気候変動がもたらす砂漠化は、どのような仕組みで進むのだろう？

・医者として病気を治すためにアフガニスタンに行った中村哲氏が、全く技術がなかったにもかかわらず、井戸を掘り、用水路を引く工事を始めたのはなぜだろう？

・中村哲氏の取水口や用水路の建設では、近代的な機械や技術よりも日本の伝統的な技術を用いて進められた。なぜだろう？

《新しい時代の学びへのアイデア》

・JICAがアフガニスタンにおいて第二の穀物である稲作の技術支援を進めた理由を調べることで、現地の状況や日本の技術力に合わせた取り組みを捉えさせる機会としたい。

・JICAのホームページで各国の技術協力プロジェクトを調べることができる。それぞれの国の状況を踏まえ、日本ができる支援を考える学習も有効である。

《参考資料のQRコード》

●JICAホームページ

　JICAの組織や事業展開の方向、各国への支援事業に関する情報が掲載されている。

（佐々木　英明）

SDGsにつなげるポイント

・ユニセフのサイトでは、井戸の掘削や浄水剤の提供、石鹸、洗剤、貯水容器など、安全な水確保の取組を調べることができる。

・気候変動による干ばつや、夏季に高山の雪が消失することにより地下貯留水が減少して渇水が起こる現象を捉えさせる。一つの地域で起こる出来事が地球温暖化という世界中の問題となる仕組みを理解し、自分の生活を見つめ直す機会としたい。

・ペシャワール会の灌漑事業では、現地の人々と共に取り組むことで設備の維持や改修をできるようにした。この様子を捉え、持続可能な復興支援事業の在り方を考えさせたい。

・環境に応じて品種改良を重ねてきた日本の技術が現地支援を支えているということを扱うのも重要である。

第**4**章

「国際社会」の学習にリンク

目標 13 気候変動に具体的な対策を

エコ難民・気候難民の移住が迫っている？

―砂漠化や海面上昇による移住だけじゃすまされない―

クローズアップ

▶ 難民

▶ 気候難民

▶ 富の偏在

社会科学習におけるSDGs

海面上昇で消える島国：気候難民

　紛争や迫害から自分と家族の安全を守るために国外に逃れた人々「難民」（「難民の地位に関する条約」（1954年）、議定書等）がクローズアップされる。加えて、居住環境、洪水、地すべり、暴風雨、火災、猛暑のために避難を強いられている気候難民が急増している（国内避難民監視センター（IDMC）と国連難民高等弁務官事務所（UNHCR）推測）。例えば、太平洋諸島（フィジー諸島やツバル、トンガ王国など）やインド洋の島しょ部（モルディブ）では、地球温暖化による20cm～1mの海面上昇によって余儀なく移住が迫られる。オーストラリアのシンクタンクIEPは、2050年までに12億人が避難する可能性を予測する。日本でも毎年深刻な規模の風水害が続いてきている。

子どもが動き出す発問・学習課題

《クイズで中身を確認する発問》

Q:難民という言葉を知っていますか。自分の国で生活できない事態を想像してみてください。

Q:紛争や戦争、内乱以外で大勢が故郷を追われる原因にはどのようなことが考えられますか？

Q:地球温暖化でどのような気候への影響が起こっていますか？（砂漠化、海面上昇、異常気象など）

《SDGsリンク＝深い学びの学習課題Q》

　地球温暖化による影響と考えられる具体的な現象を調べなさい。

　（干ばつ、洪水など異常気象、食料生産の危機）

SDGsにつなげるポイント

地球温暖化問題が論じられるときに、「海に沈む国」としてよく登場するのがツバル（9つの環礁からなり、総面積は約26平方キロ。全人口1万1000人、世界で4番目に小さい国家）。島で最も高いところでも海抜4.6メートルしかなく、温暖化によって海面が上昇した場合、水没する危険性があるといわれている。

SDGsをアクティブに学ぶ！

《事実の深掘り発問》

世界の平均気温は、100年間で何度上昇しているだろう？

世界の平均海面水位は何cm上昇しているだろう？

北極や南極では、どのような変化が起こっているだろう？

2000年以降の世界各地の異常気象の事例を探しなさい。

（異常高温、大雨・台風、サイクロン、ハリケーン、干ばつ）

《新しい時代の学びへのアイデア》

1　森林火災（米国）、干ばつ(中国)、異常高温（欧州）等の具体的な資料提示より、最近の20余年の急激な異常気象に注目させる。※日本国内の気候の変化も発表させる。

2　①ツバル、②ベニス(イタリア) の問題は何だろう。

> キリバスの男性が2015年、気候変動を理由にニュージーランドに難民申請をして却下され自国に送還された。男性は「海面上昇や気候変動による脅威にさらされており、本国送還は人権侵害だ」と訴えていた。

3　③エチオピア、④モロッコ、⑤ソマリアの問題は何だろう。※貧困や内戦の原因に気候の影響が関係している

4　「気候難民」が起こるメカニズムを説明してみよう。2020年、日本での難民申請者は3,936人、認定者は47人。

5　気候変動に国際社会はどのような対応をしているだろうか？　炭素市場、エネルギー転換を調べよう。

> 2021年4月、国連難民高等弁務官事務所（UNHCR）は、2010年以降、気候変動関連の災害で住居を追われた人の数が2150万人に上るとのデータを発表した。

《参考資料のQRコード》

国際連合広報センターのニュース・プレス（2021年8月9日付）

SDGsにつなげるポイント

・砂漠化は、アフリカ・サヘル地域で起きた大干ばつと深刻な飢餓、それに伴う大量の難民発生によって注目された。以降、過度な放牧や森林伐採、灌漑などの人間活動のあり方が問題にされている。

目標13は、気候変動に具体的な対策を掲げている。

・自分自身ができること

気候変動の対策と聞くと個人では何もできないように感じる。例えば、無駄なごみを出さない、ものを大切にする、地球にやさしいエネルギーを使うなど。マイバッグ持参、コンセントはこまめに抜き省エネに取り組む、公共交通機関・自転車を利用することも二酸化炭素排出量を削減につながる。

（峯　明秀）

第**4**章 「国際社会」の学習にリンク

133

目標 **3**　すべての人に健康と福祉を

平均寿命が長い国と短い国のちがいは？

―平均寿命が長い国と短い国の格差の要因や発展可能性を追究する―

クローズアップ

▶ アフリカ州
▶ 人口問題
▶ 貧困問題
▶ 南北問題
▶ 南南問題
▶ 高齢者福祉

社会科学習におけるSDGs

　日本は、平均寿命が世界で最も長い国の一つとして知られており、男性の平均寿命が81.6歳、女性の平均寿命が87.7歳（厚生労働省、2020年）となっている。日本で長寿人口が多くなる中、世界に目を向けると、いまだ平均寿命が50〜60歳代という国も少なくなく、下位50か国のうち、その大半をアフリカ州の国が占めるという現状がある。世界保健機関（WHO）によると、日本の人口1000人当たりの医師数は2.4人（2018年）である一方、アフリカ州には人口1000人当たりの医師数が0.1人を下回る国も多い。日本で生活をしていれば、水道の水を飲めることはごく「当たり前」に感じられるが、水道水を飲める国は世界に10か国余りしかない。このように、生活場面を想定した国際比較を通して、生徒のイメージをふくらませ、興味や関心を喚起したい。平均寿命という切り口から、世界の富の不均衡の問題に気づかせ、これを「発展途上国における問題」ではなく、「国際社会で解決に取り組むべき問題」であると捉えさせ、より公正で公平な世界を希求する態度を養いたい。

子どもが動き出す発問・学習課題

《クイズで中身を確認する発問》

Q:これは、何のランキング？（ヒントは、数値の単位：「歳」）

順位	国名	数値
1	レソト	50.7
2	中央アフリカ	53.1
3	ソマリア	56.5
4	エスワティニ	57.7
5	モザンビーク	58.1

A:世界の平均寿命ワースト5位の国（2019年）。

Q:これらの国の共通点は？

A:すべてアフリカ州の国。

SDGsにつなげるポイント

・日本などの先進諸国との比較から、生徒たちにアフリカ州の国々の平均寿命の短さを実感させ、貧困問題など、世界の現状に目を向けさせたい。
・昔の日本の平均寿命がどうであったか、また世界の将来の平均寿命はどうなっていそうか等を考えさせ、人間社会が過去・現在・将来へと持続的に発展していく可能性を捉えさせたい。

SDGsをアクティブに学ぶ！

《SDGsリンク＝深い学びの学習課題Q》

・平均寿命の長い国にあって、短い国にないものは？

・アフリカ諸国の平均寿命が短いのは、どうしてだろう？

《事実の深掘り発問》

・アフリカ諸国の中でも平均寿命の長い国と短い国があるのは、どうしてだろう？

・アフリカ諸国の平均寿命を長くするためには、どうすればよいか？具体的な事実を根拠として示し、あなたの意見を述べなさい。

・日本など平均寿命の長い国にも、持続可能な発展のために解決すべき課題がきっとある。どのような課題があるだろうか、またどのようにして解決していくべきか？あなたの意見を述べなさい。

《新しい時代の学びへのアイデア》

・ICTを活用して、たくさんの情報に触れさせ、自分が興味をもったトピックについてレポート等の学習成果物を作成する活動を取り入れる（例：平均寿命の短い国について調べ、その国の人口構成を人口ピラミッドにして表そう。／近年、平均寿命が大きく伸びた国を調べ、その国の経済や政策について、まとめてみよう。など）。

《参考資料のQRコード》

●MEMORVA平均寿命世界ランキング・国別順位 (2021年版)

　WHOの世界保健統計（World Health Statistics）のデータに基づく資料が見やすく掲載されている。

(宮本　一輝)

SDGsにつなげるポイント

・この教材は、地理的分野【世界の諸地域（アフリカ州）】や、公民的分野【私たちと現代社会（私たちが生きる現代社会と文化の特色）】で授業実践ができ、世界と日本との比較を促しやすい教材である。左に挙げたような様々な問いが設定できるため、子どもの気づきから問いを生み出すように授業を展開したい。

・SDGsの学習においては、発展途上国ばかりに解決すべき課題があると捉えるのでなく、地球上の全人類のさらなる幸福を追求する視点を学習者にもたせたい。子どもや学級の実態に合わせ、世界の現状に目を向けさせるとともに、日本の持続可能な発展、さらには国民の幸福のあり方についても考えさせられるような授業を展開したい。

第**4**章 「国際社会」の学習にリンク

どこにいるのか、だれであるのかが問題！

―社会全体を構成する様々なシステムを、いったんすべてリセット―

クローズアップ

▶ グレート・リセット
▶ WEF
▶ 富の偏在

社会科学習におけるSDGs

グレート・リセット（Great Reset）

　世界経済フォーラム※（WEF）は、世界の富裕層の上位1％が世界中の富の82％を保有していると報告。富の偏在は明らかだ。クレディ・スイスのグローバル・ウェルネス・レポート2019は、世界の超富豪が17年に得たのは、7620億ドル（約84兆5820億円）。この7分の1の金額で、1日約210円で生活する「絶対的貧困」人口を解消できるとしている。第二次世界大戦後以降の社会経済のシステムは、いつ・どこで・どのようにリセットできるのだろう。
※1971年に誕生。政治・経済・社会の各分野のリーダーと、官民両セクターがグローバルな公益の実現を目的とした世界情勢の改善に取り組む非営利団体の国際機関。年次総会が毎年1月ダボスで開催。

子どもが動き出す発問・学習課題

《クイズで中身を確認する発問》

Q:あなたは1日いくらで生活できますか？

　日本の生活保護法では、世帯収入13万円以下、生活扶助（食費・衣類・光熱費など47,420円）1日1580円となる。

Q:世界の貧困は、どのような基準なのだろうか？

　世界銀行は、絶対的な貧しさを測る国際的な水準として、1日1.90ドルを「貧困ライン」と定めている。（2015年）

Q:現在の世界の政治・経済・社会のシステムは、いつ頃つくられたのでしょう？

　「近代世界システム」16世紀以来拡大している。

SDGsにつなげるポイント

後発開発途上国：一人あたりGNI（3年間平均）：1,018米ドル

「お金だけの支援だけでない」
人間貧困指数(HPI)
国際連合開発計画の人間開発報告書で報告される人間開発指数の一つ。寿命、教育、人間らしい生活水準、社会的排除などの観点から測定した指数。

SDGsをアクティブに学ぶ！

《SDGsリンク＝深い学びの学習課題Q》
あなたは、今の生活水準を下げることができますか？

世界の貧困地域に偏りがあるのは、なぜだろうか？

人間開発指数（HDI）、人間貧困指数（HPI）、多次元貧困指数（MPI）について調べてみよう。

今、どのような不平等があるのだろうか？

《事実の深掘り発問》

所得や経済の格差以外にどのような差があるだろうか？

（男女、都市と地方：地域、教育、情報、世代間、雇用）

世界における貧困ラインの分布はどのようだろうか？

（中南アフリカ、中南米、南アジア）

国内における不平等の具体例を挙げなさい。

《新しい時代の学びへのアイデア》

1 不平等はどのように解消できるだろうか？

　ルールが必要である。自分はどこまで我慢ができるだろう。

2 世界の貧困地域の分布を調べてみよう。

3 なぜ、中南アフリカ、中南米、南アジア地域に偏っているのだろうか。（大航海時代〜第二次世界大戦以後〜）

・生活水準・健康・衛生・教育の援助・支援でよいのか。

・その他（情報・交通・コミュニケーション）はどうか。

4 WEF（2021年1月）グレート・リセットとは何か。

・先進国間、我が国には、どのような格差があるだろうか。

5 皆が納得するには、どのようなルールが考えられるだろうか。どのような手続きをする必要があるだろうか。

《参考資料のQRコード》
世界経済フォーラム

・目標10は、不平等が長期的な社会経済開発を脅かし、暴力や病気、環境破壊を助長しかねないとの認識に立ち、不平等を緩和し、機会や所得、権力の格差を縮小することを目指している。

・歴史的分野（大航海時代〜帝国主義）世界システム論の背景や第二次世界大戦後の冷戦構造、多元化する国際社会と地理的分布と重ねて捉えさせよう。

・格差社会‥特定の基準から見て隔絶された階層に分断された現代社会に気付かせよう。

・援助や支援は、社会経済のシステムリセットに結び付くのだろうか？

第4章

「国際社会」の学習にリンク

（峯　明秀）

築地の名物社長がどうやって「海賊退治」を？

―なぜソマリア沖に海賊がいた？そして、なぜいなくなった？―

クローズアップ

- ▶内戦
- ▶貧困
- ▶難民
- ▶国際貢献

社会科学習におけるSDGs

　戦後七十余年、日本は、一度の対外戦争も内戦も経験することなく、国民は平和を享受し、安穏に暮らしている。しかし、世界に目を向けると、二度の大戦の後にも、必ずしも「平和になった」とは言えない現状がある。多極化した冷戦終結後の世界では、各地で宗教や民族をめぐる対立が顕在化し、戦闘状態が続いている。UNHCR（国連難民高等弁務官事務所）によると、紛争や迫害により故郷を追われた人の数は、2020年末時点で8240万人となっており、長年にわたり内戦が続くアフガニスタン、イラク、シリアなどでは、現在も多くの死傷者が出続けている。また、ソマリアのように事実上の無政府状態となった国や地域もある。国家の無機能化により治安が悪化し、略奪行為が繰り返される地域があるが、その地に暮らす人々にとって本当に必要なのは、目先の金品ではなく、日本で暮らす私たちと同様に、安定した収入と家族の生活の安寧ではないだろうか。日本にいて平和を享受できている私たちが国際社会に対して果たすべき役割について、本教材を通して、生徒と一緒に考えていきたい。

子どもが動き出す発問・学習課題

《クイズで中身を確認する発問》

Q:この人たちは、何？（自動小銃を手に持ち、小さな漁船に乗る男たちの写真を提示して）

A:海賊。

Q:この人たちは、どこにいた？

A:ソマリア沖。

Q:ソマリア沖の他に、海賊被害が発生する海域はどこ？

A:ギニア湾、マラッカ海峡など。

Q:ソマリア沖の海賊を「退治」したのは、誰？

A:木村清（日本の寿司チェーン「すしざんまい」を運営する企業の経営者）。

SDGsにつなげるポイント

・日本は難民受け入れ数が諸外国に比べて非常に少なく、遠く離れた内戦が続く国の事情を、自分たちの関心事として捉える機会が少ないといえる。そこで、この他にも、東京五輪のために来日し亡命申請をした選手や、難民選手団のことなどを授業の中で話題にし、日本の立場や関わり方を意識的に取り上げながら、授業を展開していきたい。

SDGsをアクティブに学ぶ！

《SDGsリンク＝深い学びの学習課題Q》

・ソマリア沖には、なぜ海賊がいた？→1991年に勃発した内戦により、ソマリアでは事実上の「無政府状態」が続いていた。この国の漁業で生計を立てていた人々は、困窮化した生活を何とか維持するため、海で略奪行為をはたらくようになったが、警察権力が機能していなかったため取り締まりができず、海賊行為が横行するようになっていた。

《事実の深掘り発問》

・すしざんまいの木村社長は、ある方法で「海賊退治」に成功した。一体何をした？→ソマリア沖は、キハダマグロの好漁場であったため、彼らを漁師として雇い、仕事を与えた。木村らの功績により、年間300件発生していたこの地域の海賊被害は、0件になったという。

《新しい時代の学びへのアイデア》

・あなたが木村社長の代わりになってみよう。自分の立場を仮定して、「ソマリアの海賊問題」解決プランを考えよう（日本政府関係者、国際連合、民間企業の経営者…など）。

《参考資料のQRコード》

●ハーバー・ビジネス・オンライン「すしざんまい社長が語る『築地市場移転問題』と『ソマリア海賊問題』」

　寿司チェーン「すしざんまい」を運営する株式会社喜代村の社長・木村清のインタビュー記事。「海賊と言ったって、相手は人間」と、自身の手がけた、民間外交の枠を超えた事業にかけた思いを語っている。

・インタビュー記事によると、木村は、海賊行為をはたらいていた者たちとの「対話」を大切にしたという。木村は、「相手の視点に立って、相手の悩みに気づいてあげることが必要」と語っている。なお、彼のとった解決策についてもう少し詳説すると、漁業の技術指導だけでなく、冷凍輸送のできる漁船を用意して資本提供をし、さらにはソマリアの暫定政府にはたらきかけてIOTC（インド洋まぐろ類委員会）に加盟させ、販売ルートを確保したりするなど、活動は多岐にわたる。この事例を通して、情操発達と思考スキル発達の両面から、国際貢献について生徒にはたらきかけていきたい。

（宮本　一輝）

第4章 「国際社会」の学習にリンク

139

目標 **4** 質の高い教育を

オンラインだって授業はどこでもできる

―ICTを使って授業をしましょう―

クローズアップ

▶ICT
▶ZOOM
▶ブレークアウト・
 セッション
▶**画面共有**
▶スプレッドシート

社会科学習におけるSDGs

　質の高い教育を考えるとき、コロナ禍で急速に展開したのが、オンライン教育である。通常の授業のバリエーションが増えた。また、社会科ならではの教授方法をどうオンライン化するかも課題になった。つまり、この社会的危機をチャンスに変えて、対面授業に新しいバリエーションに加えることができる。

　その効用として、各生徒の自宅での学習の保障にとどまらず、第一に疑似対面の創造、第二に画面共有の活用、第三に移動なしのゲスト授業の可能性が挙げられる。このようなICT、特にZOOM等を活用した授業の変革は、コロナ禍以降でも十分に質の高い教育を保障できる。

　個別最適化の授業に適用も可能だが、対話的で深い学びだけでなく、一斉授業にも技術革新は必要であり、先進国では当然な30人以下の少人数学級の実現を含め、人にやさしい授業の追及に、ICT化は避けられない。また、このような教育には、家庭も含めたICT機器、WiFiの義務教育の観点からの整備を必要とする。

子どもが動き出す発問・学習課題

《クイズで中身を確認する発問》

Q:どういう授業が、ICTを使った近未来の授業と思うか？

「ZOOM」… ZOOM社のネット空間をテレビ電話できるシステムである。

「グループワーク」…ブレーク・アウトセッションで小グループ毎に、議論したりお題をもとにワークできる。スプレッドシートを使えば、議論を目の前で整理して、チャットによって資料の全体共有もできる。

「ゲスト授業」…学校外部の専門家の講演も、講師の移動なく行えるようになった。

SDGsにつなげるポイント

・質の高い教育を保障するには、インフラとしての教室、教員、教具が必要であった。それをオンライン配信の講義やグループワークでできれば、自宅に届けることも可能であり、日本にいて、現地語が話せれば、途上国の教室に授業をすることも技術的には可能である。日本のICT技術を持って途上国を支援してゆくことが必要であろう。

《SDGsリンク＝深い学びの学習課題Q》

・途上国援助の技術革新には何が必要か。

・教員、生徒のICTの習熟をいかに進めるか。

《事実の深掘り発問》

・OECD最低の文教予算の比率をいかに、受益者負担でなく、制度的インフラとして社会的に保障するかが課題である。それは財政支援と、教員の技術研修支援、家庭も含めたICTインフラの公的支援である。

・スウェーデンのように、教育は無償にして、積極的労働政策をとれば人材も流動化してゆく。また、教員免許は、修士必修として、ICT技術ももった教員の育成や現場のリカレント教育の機会（場や時間）を保障する必要がある。

《新しい時代の学びへのアイデア》

・ディベートは、オンラインでは難しいが、事前にディベート論題について学習させ、特にディベーターの事前準備やブレークアウトでの作戦会議に利用できれば可能である。

・テストは時間を減らして、論文式なら同時に生徒どうしでインターネット共有を禁止してできる可能性はある。

《参考資料のQRコード》

●児美川考一郎「ICTで究極の学びの自己責任論」京都民報web

●杉浦真理編著『感染症を学校でどう教えるか』（明石書店）

SDGsに つなげるポイント

・持続可能な社会のために、科学技術は、もろ刃の剣である。環境破壊を続け、化石燃料を排出して築いた先進国の文明は、持続不可能な資源浪費と、経済格差を生み出した。

・持続可能な社会は人類の知をどこに生まれても、どんな経済状況でも保障しなくてはならない。

・ICT技術を売り込んで、特定の情報産業の栄えるICT化ではなく、共通コモンズとして、未来の子どもたちに無償で、かつ、質の高い研修を積んだ現場の教師が、目の前の生徒にあった教育的発達を促す、共通ツールとして使われなければならない

・それらが途上国の教育にも生かされていくことが、地球上の不平等の是正のカギを握っている。

（杉浦　真理）

第**4**章　「国際社会」の学習にリンク

目標 **11** 住み続けられるまちづくりを

「危機にさらされている世界遺産」は、どこにある？

―「危機遺産」の所在と人々のくらしの安寧の関係性をさぐる―

クローズアップ

- ▶UNESCO
- ▶世界遺産条約
- ▶「危機遺産」
- ▶地域紛争

社会科学習におけるSDGs

1972年、UNESCO（国連教育科学文化機関）総会において、顕著な普遍的価値を有する文化遺産及び自然遺産の保護を目的として、世界遺産条約が締結された。2021年8月現在、1154の物件が世界遺産に登録されている（文化遺産897件、自然遺産218件、複合遺産39件）。SDGsの169のターゲットの中にも、【11−4世界の文化遺産及び自然遺産の保護・保全の努力を強化する】が掲げられており、文化遺産、自然遺産の保護・保全は、これからのまちづくりにおける重要点であるとの認識が示されているといえよう。世界遺産の中には、「危機にさらされている世界遺産（危機遺産）」に指定されている物件がある。2021年現在、32か国52件の物件が「危機遺産」に指定されているが、その所在地を見ると、中東やアフリカ州に所在する物件が非常に多い。日本には、文化遺産・自然遺産合わせて25件の世界遺産登録物件があるが、「危機遺産」に指定された物件は一つもない（2021年8月現在）。このことを取り上げ、文化財や自然環境・景観の保護と、調和のとれた開発について考えさせたい。

子どもが動き出す発問・学習課題

《クイズで中身を確認する発問》

Q:日本には、いくつの世界遺産があるでしょう？

A:25件（文化遺産20件、自然遺産5件／2021年現在）。

Q:世界には、いくつの世界遺産があるでしょう？

A:1154件（文化遺産897件、自然遺産218件、複合遺産39件／2021年現在）。

Q:日本で最も多くの観光客が訪れる世界遺産は、どこ？

A:古都京都の文化財（観光客数5362万人、うち外国人観光客数は353万人／2017年）。

Q:世界で最も世界遺産の登録物件数が多い国は、どこ？

A:イタリア。

SDGsに つなげるポイント

・近年、日本の世界遺産登録物件数は増加しており、その登録地を訪れたことのある子どもも少なくはないであろう。日本では「世界遺産登録＝観光資源化」と捉える風潮があるが、観光客の増加によって、かえって稀少な景観や独自の生態系を傷つける可能性もある。貴重な遺産を後世に遺していくことの価値やその手立てを考えさせたい。

SDGsをアクティブに学ぶ！

《SDGsリンク＝深い学びの学習課題Q》

・「危機にさらされている世界遺産（危機遺産）」には、どのようなものがあるか、調べてみよう。

《事実の深掘り発問》

・「危機遺産」の分布を世界地図上にマッピングしてみよう。何か気付くことはないだろうか？→アフリカや中東諸国に多く、地域紛争や内戦の発生地の分布と重なる部分が多い。その気づきから、紛争地の文化遺産保護をどう実現するか考えさせたい。

・「危機から救われた世界遺産」について調べてみよう。
　　→例．アンコール（カンボジア）は、日本やフランスの積極的な修復支援の結果、危機遺産から解除された。

《新しい時代の学びへのアイデア》

・「紛争地の世界遺産登録は、必要か？」を論題としてディベートを行うなど、文化財保護や自然保護のそもそもの意義や目的を問い直す学習を取り入れることにより、富や資源の不均衡の問題等を考慮に入れながら、国際社会の持続可能性を考えさせることができる。

《参考資料のQRコード》

●公益社団法人日本ユネスコ協会連盟ホームページ「世界遺産リスト」

　州別の世界遺産登録物件リストや、「危機遺産」の一覧等がまとめられている他、世界遺産保護に向けた日本の取り組み等も紹介されている。

SDGsにつなげるポイント

・地球社会を持続可能なものにするためには、国際社会が協力して富や資源の不均衡の問題の解決に取り組み、保護と開発が調和的に進められることが望ましい。しかし、発展途上の国においては、身体や生命の危機に直結しにくい自然環境や文化財の保護は、決して優先度が高くなく、後回しにされることも当然あり得るであろう。そこで、先進諸国のロジックだけでは解決し得ない問題があることを念頭に置き、各国が足並みを揃えて取り組みを進められるよう準備していく必要がある。授業で「危機遺産」を取り上げることは、そういった立場の違いを理解し、国際上の諸問題に対する解決策を講じていくための一つの手立てになると考える。

（宮本　一輝）

第**4**章

「国際社会」の学習にリンク

目標 **15**　陸の豊かさも守ろう

え!?　紙ってそんなに……
紙に関わるSDGs

―生活に身近な紙の持続可能性を考える―

クローズアップ

▶紙

▶リサイクル

▶再資源化

社会科学習におけるSDGs

　SDGsについて考え、目標を達成するということは、極論すれば「トレード・オフ」をいかにして解消するか、その模索である。すなわち、あちらを立てればこちらが立たず、何かを犠牲にした上での選択をいかに回避するか、である。生活を営む上で、「紙を使用しない」ということはもはや考えられない。このことは子どもたちにも容易に実感できるであろう。ではどうすれば良いか？我が国の便利・快適さの裏に、他国の資源の消費があること。今の幸せな生活は、将来の悲劇につながっているかもしれないこと。こうした想像力を働かせることができるか否かは、社会科学習として重要である。それは、社会を知る、分かる、そしてその上で、生きる/つくるという、市民としての責任ある行為に他ならないからである。本事例は、SDGsという、ともすれば壮大すぎて実感のわかない地球規模の課題に対して、直接触れ、体験・経験し、実感することが可能な「紙」を媒介として、その解決を図ろうとするものである。その際、最先端のテクノロジーによる企業の理念や取り組みにも学ぶことは、キャリア教育としても有効であろう。

子どもが動き出す発問・学習課題

《クイズで中身を確認する発問》

Q:皆さんが毎日、まさに今も使用している紙。この紙を作るにあたって、どのくらいの環境への負荷があるのだろうか？

　A4用紙を一枚製造するのに、水200CC（コップ一杯）が必要であると言われている。紙を使用すると、原料の運搬や製品となった紙の流通の際に、二酸化炭素（CO_2）が発生する。7.7トンの紙を製造すると、再生紙に古紙パルプを使用するとしても、新たに84本の木材が使用される。さらに、日本国内で生産される紙の原料となる木材の7割以上は、海外からの輸入である。

SDGsに つなげる ポイント

・あまりにも身近な「紙」。教科書、ノート、プリント、雑誌、トイレットペーパー、新聞、コップなど…身近すぎるからこそ、環境への影響を意識しづらく、無駄に使用していることもあるかもしれない。日々使用し、目にする「紙」から、地球環境に目を向けるとともに、最新テクノロジーによる取組事例から、SDGsへの貢献の眼を育てたい。

SDGsをアクティブに学ぶ！

《SDGsリンク＝深い学びの学習課題Q》

・紙の使用や製造の工夫で達成できるSDGsの目標には、どのようなものがあるだろうか？

・人類に貢献してきた紙の歴史について調べよう。

《事実の深掘り発問》

・デジタル化が進んだ現代において、紙ならではの「良さ」とは、どんなところにあるのだろうか？

・身近な紙のリサイクルの状況：マーク、製造方法、回収拠点、利用状況などを調べてみよう。

・我が国の古紙の消費量や利用率、回収率を他国と比較してみよう。

《新しい時代の学びへのアイデア》

・紙の良さを生かしつつ、新たなテクノロジーによって、環境への負荷を減らし、持続可能な社会の実現に貢献しようとしているエプソンによる製紙機「PaperLab」の特色や技術について調べさせる。新技術が我々の生活にもたらすものを具体的かつ多面的に考察することは、SDGsの複数の目標同士を、その関連を意識してとらえることにつながっていく。

《参考資料のQRコード》

●エプソン　乾式オフィス製紙機「PaperLab」

　世界初、使用済みの紙を原料とし、新たな紙を生産できる乾式オフィス製紙機が紹介されている。エプソンによる最新技術、環境やSDGsへの貢献が詳しく示されている。

（柴田　康弘）

SDGsにつなげるポイント

・紙の持つ特性から、メリット・デメリットを考察させることで、生活の向上や便利さの享受と資源や環境保全との両立の難しさを実感させる。

・日本は世界の中でも紙の使用量の多い国である。さらに、古紙回収のシステムが整備されており、利用率、回収率も世界トップレベルであることを認識させることで、紙を通した環境への貢献の意識を高めさせたい。

・紙は生活において欠かせないからこそ、今後いかに共存していくことができるかに目を向けさせたい。これは、紙以外の環境問題を考える上でもあてはまるマインドセットともいえる。身近な紙を通じて、そうした構えを持たせることが可能となる。

第4章 「国際社会」の学習にリンク

あ と が き

　2015年9月の国連サミットにおいて、持続可能で多様性と包摂性のある社会の実現に向けた17の国際目標として、「持続可能な開発目標（以下、SDGs）」が採択されました。その中で掲げられているスローガンは、「誰一人取り残さない（No one is left behind）」です。それは、これまで取り残されがちであった子どもや女性、障がい者、高齢者、在日外国人などとの共生社会を目指すというメッセージでもあります。そのために、一部の国や社会、企業などだけでなく、一人ひとりが当事者意識を持って民族や文化、言語、個人の多様性を尊重し、共生社会の実現に向けて取り組むことが求められています。

　では、社会科学習を通して、どのようにSDGsにアプローチをしていけばよいのでしょうか。本書で取り上げられている教材の中には、これまでの社会科学習で扱われてきたものも少なくありません。本書では、共生社会の実現に向けて、学校現場で活躍されている執筆者の先生方がこれまでの授業実践をSDGsの視点から問い直し、子どもたち自身が当事者意識を持って考えることのできる授業のアイデアを提案していただきました。そして、提案された学習課題や発問、学習活動は、「持続可能性」「多様性」「包摂性」等の視点から切り込むことにより、これまで以上に子どもたちの多面的・多角的な考察を促すものとなっています。

　このようなコンセプトであったことから、おそらく読者のみなさまにおいても、「このような実践に取り組んだことがある」ということも少なくないのではないでしょうか。持続可能で多様性と包摂性のある社会の実現に向けた社会科学習は、SDGsが採択される以前から実践されていたはずです。もちろん新たな教材の発掘は重要ですが、それだけでなく、本書のように「持続可能性」「多様性」「包摂性」等の視点から授業実践を問い直し、授業を再構築していくことも立派な授業改善となります。そして、こうした授業改善に加え、読者のみなさまと考えていきたいことがあります。

　2021年1月、中央教育審議会が答申「「令和の日本型学校教育」の構築を目指して―全ての子どもたちの可能性を引き出す、個別最適な学びと、協働的な

学びの実現」を取りまとめました。これまでの教科学習において多様性や包摂性を取り上げた学習は行われてきましたが、「正解主義」や「同調圧力」の偏向がみられ、子どもが多様性や包摂性を追究する際の課題となっていました。「令和の日本型学校教育」では、そうした課題に対し、子ども一人ひとりが多様性と向き合える一つのチーム（目標を共有し活動を共に行う集団）を構築することの重要性が示されています。「義務教育において決して誰一人取り残さない」と示されているように、本来子どもが「多様性」を追究し、多様化する社会に参画するのは決して未来の話ではありません。子どもたちにとって、現在の生活そのものが多様化する社会への参画となります。それは、学校・教室での生活も例外ではありません。一人ひとりの子どもが互いの多様な価値観や立場を認め合い、様々な場面において、子どもたちが先入観や固定観念にとらわれることなく事実にもとづいて議論し、価値判断・意思決定、合意形成のできる場が学校、教室であるはずです。そして、このような場を構築することがまさに共生社会の実現に向けた実践なのではないでしょうか。こうしたことから、「多様性」や「包摂性」などを探究する学習は人権学習や総合的な学習の時間だけでなく、社会科を含めた各教科の学習においてもより一層積極的に行われる必要があると考えます。今後、日常的な授業において、いかに子ども一人ひとりが多様性と向き合えるチームを構築できるのかということも、検討していく必要もあるでしょう。

　本書は、執筆者による学習課題や発問を設定するにあたってのポイントや解説も示しております。執筆者による提案は決してゴールではなく、読者のみなさまとともに考える契機となって、今後のさらなる多様な提案につながり、多様な授業実践が創り出されることを期待しております。

　最後になりましたが、本書の企画の段階から多大なご助言をいただきました学芸みらい社の樋口雅子編集長には大変お世話になりました。お礼と感謝の意を申し上げます。

西口　卓磨

執筆者一覧

峯　　明秀　　　（大阪教育大学）
西口　卓磨　　　（四天王寺大学）

岩坂　尚史　　　（お茶の水女子大学附属小学校）
岩瀬　寛弥　　　（栃木県野木町立友沼小学校）
梶谷　真弘　　　（茨木市立南中学校）
川向　雄大　　　（尼崎市立園和小学校）
小暮　直也　　　（三重県玉城町立玉城中学校）
佐々木　英明　　（札幌市立米里小学校）
柴田　康弘　　　（福岡教育大学附属小倉中学校）
杉浦　真理　　　（立命館宇治高等学校、大阪大学非常勤講師）
田中　大雅　　　（大阪市立墨江丘中学校）
中澤　尚紀　　　（富田林市立金剛中学校）
宮本　一輝　　　（ジャカルタ日本人学校、熊取町立熊取南中学校）
山方　貴順　　　（奈良市立都跡小学校）
山口　康平　　　（和歌山大学教育学部附属中学校）

編著者

峯　明秀（大阪教育大学教授）

1963年、香川県生まれ。広島大学大学院教育学研究科修了、博士（教育学）。

大阪教育大学教育学部助教授、准教授を経て、現職。

2014－2018年大阪教育大学附属平野小学校長（兼任）。

2019年大阪教育大学連合教職研究科副主任。

【主な著書】

『社会科授業改善の方法論改革研究』（単著）風間書房　2011

『「思考力・判断力・表現力」をつける中学公民授業モデル』（編著）明治図書　2011

『教育実践学としての社会科授業研究の探求』（共著）風間書房　2015

『中学社会科"アクティブ・ラーニング発問"174』（共著）学芸みらい社　2016　他

西口　卓磨（四天王寺大学助教）

1989年、大阪府生まれ。大阪教育大学大学院教育学研究科修了、修士（教育学）。

大阪府公立中学校教員を経て、現職。

【主な著書】

『中学社会科"アクティブ・ラーニング発問"174』（分担執筆）学芸みらい社　2016

『対話的深い学びを測る新授業の評価　新中学社会の定期テスト』（分担執筆）学芸みらい社　2017

『子どもと社会をつなげる！見方・考え方を鍛える社会科授業デザイン』（分担執筆）明治図書　2020

社会科授業にSDGs挿入ネタ65

2022 年 3 月 5 日　初版発行

編著者　峯　明秀／西口卓磨

発行者　小島直人

発行所　株式会社 学芸みらい社

　　　　〒 162-0833 東京都新宿区箪笥町 31 箪笥町 SK ビル 3F

　　　　電話番号 03-5227-1266

　　　　https://www.gakugeimirai.jp/

　　　　e-mail:info@gakugeimirai.jp

印刷所・製本所　藤原印刷株式会社

企　画　樋口雅子

校　正　佐分利敏晴

DTP 組版　本郷印刷株式会社

装丁デザイン　吉久隆志

ISBN978-4-909783-94-3 C3037